バアサンの海外旅日記

みむらひろこ

文芸社

バアサンの海外旅日記――目次

第一部

海外旅日記

第二部　人生の戦友夫の死

第一部

海外旅日記

ハワイ

一九九二年、齢《よわい》六十一歳にして初めて外国に行った。高度経済成長で老いも若きも海外旅行に行かなきゃ恥だとばかりに押し寄せている時に、ヘソ曲がりの私は外国に行った事がないのが自慢とばかりに、頑ななまでに海外旅行を拒み続けていたのに、ひょんなことで、まずハワイはホノルルに行った。

五十五歳になった時に老いを感じたのをきっかけに、スイミングスクールに通い若いコーチに指導を受けて初めて自分一人の力で浮くことができ、そして五種目マスターできた時は自分でも信じられない大きな喜びだった。娘は友人とプールに見学に来て、何か丸い物体が浮いてるのでよくよくみたらお母さんだったと言う。失礼なと怒ったら、今度は夫がこっそり見に来たそうな。父娘《おやこ》してなんたることか……。それからというもの、ワイキキなるところで泳ぐのが夢となった。

念願かなって娘と二人機上の人となった。機中での時間が長かったので、帰りが思いやられる始末であった。それにハワイの税関は大変厳しく、待ち時間にくたびれる有様だった。着いた日は一週間雨が降り続いた後とのことで、海が茶色く、ガッカリしてベソをかきそうであったが、翌日海辺に出てみると、空は蒼く海は透明で小さな魚が泳いでいたりして、全部私だけの海のように見えだした。西に東に南に向かっていろいろな泳ぎを試みた。南に向かって泳いでいる時は、そのまま我が家に辿りつきそうな錯覚さえ感じた。娘はヘンテコリンなビキニスタイルで、砂浜で遊んでいる時間が長かった。貴重品のお守りをしていたので……。部屋に戻ると旅行会社からパイナップルが届いていた。やはり日本で食べるのと一味違って、水分が多くておいしかった。

道を歩いている人の五人に四人は日本人で、お店も日本の店員さんばかり。私達はビジネスホテルに泊っていたが、ハワイ最高級のホテルのロビーで、あたかもそこに泊っているが如く、ゆったりとしたソファに気取って座り、写真を娘に撮らせて悦に入っていた。

夕方しゃれたリゾートホテルのプライベートビーチもしゃれたロマンチックな雰

囲気を醸し出していた。

翌朝クルーズで真珠湾巡りをしたが、戦中派の私にとっては正視するのが怖いような気持で半分目を閉じて、ハワイ特有のドリンクのグラスを片手に、船のデッキに佇んで湾を眺めていた。多くの犠牲者を出した海に向かって黙祷した。砂浜に沿った椰子の葉の緑が常夏の国らしかった。ハワイ原住民のカメハメハ王の宮殿はデコレーションケーキのようであった。戦争で戦死した兵士の墓地は広い芝生の中にあり、永遠の眠りにふさわしい静かな公園墓地だった。昔、移民開拓一世の人達が苦労して築いた家々の名残に、胸の傷みを感じたけれど、ハイビスカスやブーゲンビリアの花々が垣根に咲き乱れて、心を和ませてくれた。

街中を流れる川でカヌーを漕ぐ若者が新鮮に見えた。川の両側には椰子の緑が美しく風にそよいでいた。

ハワイに着いてからロブスター責めに遭い、娘は見るのもゴメンだと贅沢を言い出した。レストランは保養に来ている外人客が多かった。ロブスターを食べるのにフォークとナイフで格闘していると、娘が指先できれいにちぎってくれた。レストランのボーイが娘に貴女は英語が上手いねとお世辞を言った。おそらくチップを弾んだ故だろう。

ホノルル市街の夜景を眺めるべくタンタラスの丘に登ったが、街の灯りが何故か黄色一色なのにおどろいた。何故だとガイドに訊ねたが、答えは無かった。日本の大阪空港の夜景は宝石箱をひっくり返したようだと言ったら、そのガイドは見たいと言った。日本の若者が、写真を撮って生計を立てているらしく、翌朝ホテルに届けるから撮らせてくれと言ってきたので、ホノルル市街をバックに母娘で撮ってもらった。翌朝、写真はホテルに届いていた。

風が日本の秋風のようで爽やかだった。

翌日、ワイキキのメインストリートの免税品店で、私は水着と指輪を買った。日本の三分の一か二分の一ぐらいだった。ハワイは物価が安く住みやすいと聞いた。娘には洋服を買ってあげたが、娘の友人の子供さんにお土産にと思って、ミッキーマウスのTシャツを探して走り廻ったが、中々気に入ったものがなく、高級ブランド店でやっと見つけた時、私は思わず「ミッキーマウス、ミッキーマウス」と叫んでしまって娘に叱責されてしまった。水色とピンクと二枚買った。結構高かった。

ホテルの売店に一人でサンドイッチとドリンクを買いに行った。英語のできない日本人と見たのか大分ごまかされたようだ。後刻、ドリンクとサンドイッチを買いに娘と二人で行って娘が英語で話すと、私に値段をごまかしていたので、バツが悪くて、日本人はきれい好きなんだからもっときれいな品物を持って来るよう、ヒステリックそうなおかみさんが亭主に言いつけていた。亭主は首をすくめて品物をきれいに拭いて持って来てくれ、サンキューと愛想笑いをした。

ハワイを発つ前日、以前お隣に住んでいたYさんが、ハワイに永住なさっているのでお別れを電話で言ったが、やはり日本が恋しいらしかった。

常夏のハワイの海辺甲羅干す
ビキニの娘まぶしかりしも

ヨーロッパⅠ

〈ロンドン〉

一九九三年十一月十七日から二十四日にかけて、娘と二人でヨーロッパに旅立った。

成田を飛び立って十数時間後、真白な雪に覆われたアルプスの峰々が陽光に輝いて見え、アルプスの連峰の上に自分が本当に居るんだと思った時、言いしれない感動と興奮を覚えた。

ロンドンを皮切りにローマ、ポンペイ、ナポリ、そしてパリに入る旅である。

イギリス人は大変気位の高い国民と聞いていたが、なるほど未だ第二次世界大戦の後遺症が残っているように思えた。主要先進国首脳会議に入っているとはいえ、どんな目でわが日の本の国をどのように見ているのだろうか……。

白銀のアルプスの峰
　陽光に輝き放つ神々の山

当日は女王陛下が国会の開会に登院される日とあって、バッキンガム宮殿の周辺は警備が一段と厳しく、バッキンガム宮殿に近寄ることは許されなかったが、白馬に跨《また》がった護衛兵が四列となって闊走している姿を観ることができた。そして議員らしき紳士が出入りする姿も見られた。

ハイドパークは日比谷公園の十倍の広さだそうで、木々の梢で小鳥が囀《さえず》り、広々とした芝生で乳母車を押したおばあさんが日向ぼっこをしている光景に、旅の疲れがとれるようだった。

ビッグ・ベンの時計塔が一際高く聳《そび》え立ち、ウエストミンスター橋を背にしてその前で写真を撮った。チャールズ皇太子とダイアナ妃が結婚式を挙げたセント・ポール寺院の前で、娘は歓声を挙げていた。ウォーターブリッジはビビアン・リー、ロバート・テーラーが再会する映画『哀愁』の舞台となったところだと聞かされ、その昔の青春の頃、映画館で観た映画のワンシーンが甘い想い出となって蘇った。振り返って、ブリッジをよくよく目に焼き付けた。

娘が、日本で言えば東京の銀座あたりかしらというようなところに連れて行ってくれた。デパートも街も十一月だというのに、すでにクリスマスツリーが飾られ、イギリス紳士らしい中年の男性が家族に贈るのであろうか、あれやこれやと品定めをしている様子を、くたびれた顔をしたおばさん（私）が微笑ましく眺めていた。疲れたのでデパートの地下の喫茶店でコーヒーを飲んだ。客は勤め帰りの男女がほとんどだった。

帰りに地下鉄に乗ったら、日本のラッシュアワーと全く同じ光景であった。地下鉄を降りて外に出ると、とっぷり日は暮れて外は暗く、私にはホテルがどこにあるのか分からなかったが、娘はスタスタと歩いて連れていってくれた。駅の近くにあったのでホッとした。こんなところで迷子になったらお手上げだ。

イギリス人の食生活は貧しいと聞いていたが、食べ物がとてもまずく、日本人の口に合わず、ホテルで出された食事を大半の人が一口か二口、口にしただけで残してしまった。ウエイトレスが不愉快そうな顔をしていたが仕方がない。これではお先真暗だと騒ぎ出す人も出た。日本ではこんなまずいものを食べた事がないと言う人もいた。こんなまずい食生活で気位を高く保てるのか不思議である。

日本でも有名なブランドのローラアシュレイで、娘に三着洋服を買ってあげた。何せダイアナ妃御用達《ごようたし》のお店とあって、日本では高価なのに三分の一の値段で買うことができた。しかしあとがいけなかった。置き引きに遭ったのである。試着室で娘が着ている時、私が素適だと思った洋服をハンガーからはずしたものの、身長が一五〇センチしかない私は元に戻せず、日本語で何やらワメイタらしく、娘が「お母さんどうしたの」とカーテンを開けて二、三歩いて出たほんの二、三秒の出来事であった。家を出る時は雪だるまのようにオーバーの中にバッグを隠して、駅まで送ってくれた夫が向かいのホームから見ていたら、スヌーピーのようでおかしかったと、帰宅した時笑っていたぐらい気をつけていたのに、それなのに……。バッグの中はドル、リラ、円とフランと四ツに分けて入れてあったので、財布だけ取られてパスポートもバッグも無事だったのが不幸中の幸いだった。

店長が大きな体格の警官を呼んだので型通りの調書をとられたが、探してくれるはずもなく、ちょっとビビアン・リーに似た感じの店長に愛想笑いで送り出された。あんな高級品店でも日本人は狙われるとしたら、日本は余程金満国家に見られているらしい。

ロンドン郊外の家のオトギの国の建物にあるレンガの煙突、赤々と燃える暖炉を囲んで、家族が談笑している情景を想像させてくれた。

ロンドンの早朝の旅立ちは、体の芯まで冷え切るようで、朝靄に後ろ髪引かれるものは何もなかった。イギリスもフランスも、郊外か田舎のほうが心和むものがあると聞いている。機会があったら今度は是非田舎のほうへ行ってみたい。

イギリスの首都に降り立ち
我は見る気位高き国の行末

〈ローマ〉

ローマに入った。あっと息を呑む思いであった。

十五、六年前に主人の先輩Sさんが我が家にお見えになった時、世界中を旅して、イタリアには十回行ったとおっしゃった。そこで、世界中旅してどこがよかったですかとお訊ねすると、「イタリア」と即座にお返事が返って来た。私には、映画の暗いイタリアのイメージしかなかったので、どうしてかなと思ったけれど、お尋ねするのも失礼だと、お訊きしなかったが、ここに来てみて、なるほどと思った。

坂道の石畳の街並、面白い土作りの魅力のある街だと思った。そして遺跡にはすごいなあと……。暴君ネロ皇帝が殉教者とライオンを闘わせたというコロッセオ広場に行く途中、バスの中でローマ滞在十五年というガイドのOさんに、「あれがジプシーです」と言われ、バスの窓から外を見た瞬間、身なりの良い白人の女性に、五、六人の少年が駆けより、新聞でバッグを隠してさっとバッグに手を差し入れた。バスの内には声にならない声が挙った。女性は気付いて手で振り払ってさっさと歩き出したが、少年達は後をゾロゾロ付いて歩いていた。そのあとはどうなったか知らない。ジプシーは定職がないので、自分の子でない子供を使って、それで生活しているそうだ。収穫がない場合リンチに遭うんだそうだ。添乗員さん達も、スリにパスポートをとられたり、旅行者の為に領事館に走り廻ったりして、ローマが一番苦労すると言っておられた。カナダが一番安心だとも言っておられた。G7に加盟しているのに、どうしてああいう人達の対策がとれないのだろうと首を傾げた。

トレビの泉ではスリに備えて地元の人達男女四、五人で包囲網を敷いて下さって、小雨の中を背を向けて泉に小銭を投げ入れた。石畳がすりへり、雨でつるつるになっていたので歩きにくかった。

近くのホテルも趣きがあり、食事もおいしく、イタリア人の大らかさと陽気さが相まってローマがとても好きになった。映画のシーンに浸ってるような気分になった。

ローマ法王庁のバチカン宮殿内部の見学が許された。彫刻の見事さに圧倒された。写真や絵画で見た時は平面的にしか見えなかったのに、実物は立体的でそれは芸術以上の芸術であった。法王様の寝室・書斉から灯りが洩れていたので、私はひざまずいてお祈りをした。何時間見てもあきることなく、娘も立ち去り難かったようだが、時間の制限もあり門の外に出た。しかし遺跡でも感じた事だが、これだけの建築にどれだけ大勢の人の汗と血が流されたことだろうと考えた時、手放しで感動に浸ってばかりいられない思いだった。

翌朝、ナポリ、ポンペイに行く途中は、羊が放牧されている田園風景が小高い丘の緑に映えて、のどかで美しかった。しかしジプシーの集落を見た時には、ちょうど日本の戦後焼野が原のバラックを思い起した。ガイドは「ガンバッテ庭付一戸建ヲ建テマシタ」とみんなを笑わせた。

途中、ソフィア・ローレンの出身地だという寒村があった。彼女はミス・イタリアになり、女優として大成した。

ローマでもポンペイでも観光案内の本を買った。イタリア人のお兄ちゃんが両手を大きく拡げて、ニコニコしてありがとうと言っていた。

日本が天の岩戸をようやく開けた時、ポンペイではすでに大理石、タイル貼りの浴槽、酒場、そして水道、噴水等々が作られていたのにすごく感動した。ポンペイは一九〇〇年前にヴェスヴィオ火山の大噴火により、一瞬にして死の灰に閉ざされた町だが、厨房には埋没当時のまま鍋が並んでいたり浴場が保存されていて、二千年のタイムリミットにしばし呆然とした。ナポリ見ずして死ぬなと言われるのも頷けるとまたまた感激したが、高台から見下ろしたナポリは、空は蒼く、海も青く、眼前にソレントとカプリ島が見えた時、唄の中だけの話かと思っていたのに、現実に私の眼前に広がっているのにうれしくなって、小声で〝帰れソレントへ〟を口ずさんでしまった。風光明媚なナポリの丘の上からサンタルチア港沿いに古いお城も見えた。

古代ギリシア時代からイタリア統一までの二千年間、ナポリはヨーロッパのいくつかの民族の支配を受け続け、入れ替り立ち替り変化した支配者たちの下で生きぬいて来た。お調子者で憎めないナポリ男に、情深くたくましいナポリ女。したたかでウイットとユーモアに富んだナポリ気質がおもしろいとガイドが語ってくれた。

下町が面白かった。家と家との間にロープを渡して洗濯物が干してある。その下で屈強そうな漁夫らしき男性が数人立話をしていた。小さな漁船が連なって、岸壁には魚がきれいに干されていた。

死の灰に閉ざされに来しポンペイの
　タイムリミットしばしたたずむ

娘にナポリで手彫りのカメオのブローチと指輪、イヤリングを買わされたが、二人の共有ということにしようねと言うと、娘はウンと頷いた。手彫りの名人と言われる老いたカメオ職人の手はコブで盛り上がっていた。精巧に彫るのにかなりの力が必要な仕事らしい。

イキなカメオ店のオーナーが娘を抱きかかえて、写真を撮らせてくれと言うので写真を撮ったが、娘は、私はイタリア人好みの顔なのかなと笑っていた。手彫りだけに結構高かったが、たくさんの人達が買っていた。

ナポリで食べたスパゲティは、シコシコとした歯ざわりで、トマトが荒切りにして混ぜてあってとてもおいしかった。広島からいらしたというおじいさんが「スパゲティのこんなに固いのは食べたことがない。ワシはもっとやわらかいものしか食べた事がない」とおっしゃったので、スパゲティはこれが本物ですよと言ったら、「ヘエー、ソーカネ」と目を丸くしておられた。デザートのアイスクリームもトロリとして美味しかった。

イキな初老の、おじいさんと言うには少し若いおじさんが、〝オオソレミヨ〟を各テーブルを廻って唄ってくれたが、黒い山高帽子に小銭を入れさせられたのには、折角の甘い雰囲気がこわされる感じだった。

ローマに帰る道すがら、娘は疲れて車中眠りこけていた。ローマに入ったら夕闇の中に街灯の灯りが古い街並に溶け込んで、一層旅情をかきたててくれた。日本建築界の大家と称される人が近代建築を三つ、四つ、ニョキリと高く聳え立つように建てていたが、周囲の古い建物と調和がとれなくて奇妙な違和感があって不愉快な気分になった。私のような平凡な主婦にさえ分かることなのにと、お偉い人のお考えに首を傾げた。日本の古い街、京都でも函館でも、観光都市としてそういった高層建築は市の条例で禁止になっていると聞いているのに……。

ローマのヴェネチアングラス店、革製品店に立ち寄った。ヴェネチアングラスは、それは見事という表現しかできない美しいものであった。だがとても私共には手の届かない高価なもので、一つだけでも記念にとも思ったが、割れるものだけに諦めざるを得なかった。

革製品店では、おそらく日本の二分の一か、三分の一という価格に、我も我もと老夫婦もお嫁さんや娘さん達に買っていた。奥様や娘さん、お嫁さんにバッグを買込んでいたおじいさんに「これ日本より大分安いかね」と訊かれたので、「三分の一ぐらいですよ」と言うと、「アーソーカネ」と言ってゴソゴソ腹巻きの中からお金を取り出して、「あーこれでお金は無くなった」とおっしゃりながら、それでも満足そうなお顔をしておられた。

二軒目のお店に着いた時、私達は買う気が無かったので、ガイドさんに頼んでタクシーを呼んでもらいスペイン広場に向かった。映画『ローマの休日』でお馴染《なじ》みの、オードリー・ヘップバーンがアイスクリームを舐めながら階段を降りてくるところである。娘もオードリー・ヘップバーンよろしく、アイスクリームを食べながら降りたかったようだが、オードリー・ヘップバーンは夏服を着ていたのでアイスクリームを食べていたのでしょうが、階段の下で売っていたのは、アイスクリームの代わりに焼栗だった。それで焼栗を買って帰ったが、香ばしい栗だった。お釣りをごまかされそうになったのでお釣りと言うと、愛想笑いを浮かべて返してよこした。スペイン広場は映画の方がよかった。帰って夫に話したら、それは映画はきれいにして撮るからだと言われた。若者達がたくさんたむろしていた。焼栗売場で娘がお札を片手に買っていたので、兄ちゃん達が四、五人寄って来てのぞき込んだので、私はあわててギョロとにらみつけたやった。スゴスゴと逃げ出した。栗売りのお兄ちゃんは早くお札をポッケに入れろと注意してくれた。

その周辺はブランド品店が並んでいて、ショウウインドウの灯りが道路を照らし明るかった。オードリー・ヘップバーンがグレゴリー・ペックと川船でダンスを踊っていて、警備陣と乱闘騒ぎになった船ですよと、ガイドさんに言われ、映画になるとあ~なるのかと面白かった。ホテルに帰るべくタクシーを探したがなかなか拾えず、お母さんが聞いてあげると言うと、娘にはお母さんは日本語しか話せないのに、どうして聞くのと言われたが、そこは年寄りの図々しさ、単語を並べてタクシータクシーと言っていると、娘が婦警さんに何やらペラペラ言ったらすぐ分かったらしく教えてくれた。

夜の街はブランド品店が軒を連ねていて細い道路が放射線状に延びていて、ショウウインドウの灯りがきれいだった。娘の欲しそうなものばかり並んでいた。イタリア人の婦警さんは無愛想で叱られてるようだった。あちら、こちらと二、三人ずつ組んでバイクで走り廻っていた。

ホテルに帰るとカンツォーネを聴きに行ったグループがあって、残った者だけでホテルの近くのしゃれたレストランで、ワイングラスを傾けながらイタリア料理をいただいた。デザートの果物は日本で食べるのとは違った味だろうと、一杯になったお腹に、みんなで少しずつ分け合って無理に口に運んだ。柑橘類は甘味が少なく、洋梨も日本で食べる洋梨とは少し違っていた。カンツォーネ組は帰って来るなり車座になって、我々だけで〝オオソレミヨ〟を唄おうと叫んでいたから、感動できなかったようだ。

後髪引かれる思いで、ローマを後にした。日本、ドイツ、イタリアが第二次世界大戦で三国同盟を結んでいたのに、イタリアが一番早く手を上げたのは国民性によるものだと思った。

〈パリ〉

パリに入っていく時、パリのイメージが薄れるのではないかと危惧を抱いたが、それは思いすごしで、素適で、洗練されていて、美しい石作りの重厚な街に映った。もっとも近年建物の汚れを洗い落としたようだが……。

五つのパリの顔を見た。夜の帳《とばり》のおりる顔、朝靄の顔、昼の顔、クリスマスツリーとイルミネーションの顔、街路樹に小雪の降る顔。私と同年齢で一人娘の岸恵子さんが若くして、あの当時、三十時間も飛行機を乗り継いでパリに魅せられて嫁がれたのが分かるような気がした。もちろんパリだけではなく、夫君にも魅せられたのでしょうが……。そして人生の区切点でのステップとしても……。

ノートルダム寺院、マリー・アントワネットが断頭台の露と消えたコンコルド広場、パリの中心点凱旋門、エッフェル塔、シテ島を歩く。ベルサイユ宮殿には、娘はパリ短期留学の時行っているので、一人でパリの街をうろつくと言って残った。宮殿に行くバスの中から見ていたら、またお札を手にして焼栗を買っていたのでハラハラしていた。娘さん勇気があるね、とおっしゃる方がいらした。ベルサイユ宮殿の一部屋一部屋、二百年前の革命の跡を生々しく蘇らせてくれる。一つ一つの壁画や絵画から当時の栄華と奢りを見るようだった。

ヨーロッパのお城巡りをなさった知人から、ベルサイユが一番お気に召さなかったと聞いていたけれど、内部はアレルギーが起きそうだった。ルイ王朝の絢爛豪華さを戦利品の掻き集めだと言った人がいると聞くが、もっともだと思った。

マリー・アントワネットが庭園に素朴な田舎家を建てて休息の場にしていたのが

分かるようだったけれど、宮殿の庭に佇んで見た真赤な夕日が、パリ郊外の家並の背後に落ちていくのは一幅の絵のようだった。ロマンである。

宮殿の庭の方が素適だと思った。春ならもっと素適だろうとも思った。

ベルサイユ栄華の奢り血の匂い
主なき住い革命の傷

ベルサイユからの帰り途、ブローニュの森を通り抜ける時、森の灯りに照らされ黄色い落葉、シャンゼリゼのショウウインドウの灯り、セーヌ河の川面に映るアパルトマンの光に、若い時のような胸のときめきさえ覚えた。

セーヌ河クルーズのディナーショーに行ったグループもあって、帰って来るなりパリの夜景はきれいだったと溜息をついていた。

夜、俳優のアラン・ドロンとディナーを共にするパーティが開かれた。娘はローラアシュレイで買ったイブニングドレスに、ナポリで買ったカメオのブローチ、指輪、イヤリングを身につけて出席した。同行の口の悪い人から、中味だけ日本製かと冷やかされていた。

アラン・ドロンはドレスアップしないと御機嫌が悪いのでおめかししてくれと添乗員に言われていたので、みんな紳士、淑女に変身していた。

娘はアラン・ドロンにフランス語で語りかけたが、ゆっくり話をするよう、早口すぎると言われたそうだ。そして娘を抱きしめてホッペに三つキスして、そして軽くホッペを叩いて握手をしていた。後で聞いたら、母にもキスをしてあげてくれと言ったらキスをしてくれたそうだが、私はアラン・ドロンの顔をボケーと見とれていたので気付かなかった。握手したら大きな手だった。ひどく冷たかった。素適な人だった。五十八歳になったそうで渋いロマンスグレーになっていたが、この雑文を書いている今はもう八年が経っている。テレビに映った、ある有名人の死に対してインタビューに答えているアラン・ドロンは、すっかりシワの深いおじいさんになっていたのにはガッカリした。娘はもう一度アラン・ドロンに会いにゆくと言っていたが、よすわと言い出した。

四十歳台のミセスのグループが上気した顔でアラン・ドロンを取り囲んでいた。男性陣はなんだか照れくさそうな顔で、そこにいるのが場違いのように見えた。人によって評価も違うようだが、やはりそれなりに努力もしガンバリやさんだとお見受けした。フランスと日本では評価が違うと聞いたが……。

同行の人達が自由行動の時、娘に連れて行ってくれと言って、買物も娘のフランス語を頼りに助けられていたようだ。お母さんをモンマルトルの丘に連れて行ってあげたかったのにと言ってくれたが、また、今度来た時にねと言った。

アラン・ドロン主演の映画『サムライ』で、ピストルをアラン・ドロンがセーヌ河に投げ入れた場所ですよとガイドさんから聞かされたが、このガイドさんはフランス映画がお好きなようで、映画『シャレード』でケーリー・グラントとオードリー・ヘップバーンがラストシーンで待ち合わせた建物ですよなどとも教えて下さった。その近くに娘が勤めていた、今世界で一番と言われるフランスの銀行の本店があったので、カメラに収めた。世界で一番と言われるだけあって、重厚な建物だった。だけど行員はフランス人の貴族が多いそうで、日本人を特殊な目で見ているので嫌だと言っていた。

夕食の帰り、バスの運転手がクリスマスのイルミネーションに彩られたパリの街をあちらこちらとサービスして走って下さった。娘が運転手さんと愉しそうに話をしていた。

イタリアでもフランスでも、現地の店員さん達がむずかしい日本語を猛特訓されているのには恐れ入った。そして馴れない日本語で、一生懸命購買意欲を掻き立てているので、みんな買物せざるを得ない気持にさせられていた。日本の有名デパートがパリに進出していて、着物姿の日本女性の店員さんが周囲に溶け込まないような愛嬌を振りまいていた。日本も大きくなったものだと思う。娘には白いボア付きの半コートを買ってあげた。私は黒いスパッツを買った。

クリスマスツリーで賑う街角で、ジプシーの親子が寒空の下で赤ちゃんを布団にくるんで路上に寝かして物乞いをしている姿に、同行の人達がなんとかならないものだろうか胸を傷めているようだった。花の都パリになんともやりきれない思いを残した。

今度来る時は裏通りを歩いてみたいと思っているが、大変危険が伴うと聞いている。

フランス人の体臭はひどいと聞いていたが、なるほどそれでフランス人は香水をジャブジャブふりかけているんだなと思った。香水売場にはさまざまな香水が並んでいた。バブルが弾けて日本は不景気風が吹いているのに、それにも関わらず円高の影響か、日本からの旅行者で過当競争になっているらしい。でないとホテルも商店も開店休業か、閉店に追い込まれるだろうということだった。夫に「お父さんを質に入れても、もう一度行きたい」と言ったら「何度でも質に入ってやるよ」と言ってくれたが、バブルが弾けてお蔭で我が家の経済が大きく被害を被り、そうそう夫の厚意にばかり甘えていられないと頭を抱えている次第である。

袖振り合うも他生の縁。広島からいらしたというおじいさんが「わしゃ、オードリー・ヘップバーンなら見たかったが、バアさんがアラン・ドロンを見たいと言ったので来た」とおっしゃっておられたけれど、別れ際みんなと別れを惜しんでホロリとするシーンもあった。

ヨーロッパⅡ

〈スペイン〉

一九九四年、年の瀬も近づいた十一月二十一日、娘と二人、三度目の海外旅行に出発した。成田を飛び立ち、ロシア領上空を七時間飛び、ブリュッセルで乗り替え、マドリードに降り立った。十四時間機上の人であった。私の頭の中にあったスペインは、白い壁、レンガ、オレンジ色の瓦であった。それは南部のアンダルシア地方のことで、グラナダ、セビリア、マラガ、コルドバ、アルメリア等々があるそうだ。行程に入ってなかったので残念だった。

マドリードでプラド美術館、王宮プエルタ・デル・ソル広場等を見学。しかしマドリードから三十分程、バスで行ったトレドの街を見た時、これこそスペインだと感動した。二千二百年前の城壁とタホ川の深い渓谷に囲まれた街は、現在二千人の人達が手を加えずにそのまま延々と住み続けている。スペインの昔の首都の石畳はつるつるに光っていた。スペイン人のガイドさんが歩きにくそうな私に手を貸して下さった。ローマ帝国時代に作られたアルカンタラ橋。丘にはサン・サンバンドの城と大聖堂が見える。日本人とスペイン人のガイドさん二人が、親切な解説で案内して下さった。サント・トメ教会にあるトレドの天才画家エル・グレコの最高傑作「オルガス伯の埋葬」が生きているが如く感じられ、頭に鮮明に焼き付いて離れないでいる。街中は今にも中世の騎士が現れそうだった。街は今現在二千人の人達が外装に手を加えることは許されず、内装だけ許されているそうで、二千二百年の昔のままに住民が生活しているのには感動した。世界遺産に登録されているのもうなずける。

一つの教会は二百七十年をかけて作られたということで、絵画、彫刻の建築美にカルチャーショックさえ受けた。古い街中のショウウインドウがちょっと趣を異にした感じだった。寒空に子供達が元気に遊んでいた。

トレドは外敵に備えて作られた街だが、防備の必要が無くなって、三百年前にマドリードに首都が近代都市として作られた由。マドリードは美しい洗練された町並だった。スペイン内戦、フランコ総統の独裁政治が続いたにも関わらず、傷ついたものは私の目に映った限りでは残っていなかった。

街路樹の葉っぱは茶色く、雨が少ない故か寒くない故か、紅葉が無いんだということだった。日本の紅葉は色をつけているのかと訊ねられた。だけどベンジャミンの緑と白の街路樹が珍しかった。日本で観葉植物として見るベンジャミンと変わらぬのは、季節の影響が無い故だろうと思った。

オレンジ畑でお馴染みのバレンシアへ……。カテドラル教会のステンドグラスの色彩が美しかった。昼食はローストチキン、パエリア、魚料理。しかしスペイン料理のブイヤベースを食べる機会が無かったのが、期待していただけに残念だった。だがおそらく香辛料が口に合わなかっただろうなと思った。スペイン料理は口に合わず残すことが多かった。娘はおいしいと言って食べていたけれど。

バレンシアは裏通り、海沿いの町が骨董品店等があっておもしろいそうだけど、残念ながら見ることができなかった。道路の両側のフェニックスの街路樹の中に噴水があって、その廻りに白い鳩が群れていた。

昔、イングリッド・バーグマン、ゲーリー・クーパー主演『誰が為に鐘は鳴る』というスペイン内戦の映画の中で、ジプシー女（レジスタンス）がバレンシアを熱を込めて自慢していたのが想い出された。

バレンシアのオレンジがとても美味しく、同行の人の中に日本に送ってもらえないかと交渉した人がいたけれど、検疫の関係で無理のようだった。甘すぎず汁気が多くて新鮮だった。ホテルに少し持って帰って貪るように食べた。

　　バレンシアオレンジ林広々と
　　　バスの中にも甘き香りが

地中海を見渡す海岸線コスタ・ドラダをドライブしながら、カタルーニャ地方の中心地バルセロナに入って行った。地中海は碧く、ああこれが地中海かと嬉しくなった。

バルセロナの市街に入ったとたん、オリンピックの競技場の跡がところどころに見られた。聖家族教会、グエル公園、カテドラルなどを見学する。聖家族教会のエレベーターで頂上まで昇り、バルセロナの街を一望することができた。市街は彫刻の街といった感じだった。フランコ総統が演説したというバルコニーに感慨も一入《ひとしお》だった。グエル公園ではガウディの彫刻に目を見はる思いだったが、日本人には馴染めないなと思った。

夜、フラメンコのディナーショーがあり、表情は動かさず毅然としてダンスだけ情熱的に踊っている様子は、芸術家といった感じで圧倒されそうになった。娘は身を乗り出してワインを飲みながら見入っていた。床は鉄板のようだった。

バルセロナガウディの作
　芸術の奇異な建築彫刻の街

フラメンコエネルギッシュな
　踊り子に民族舞踊伝承見ゆる

〈ヴェニス〉

バルセロナから空路ヴェニスに到着。大運河の中を水上バスに乗ってホテルに着く。ホテルは黒白映画に出てくるような古色蒼然としたエレベーターの無い建物だった。古めかしいフロントも、螺旋階段も、趣きのある手摺も、よく磨き込まれ、年季の入ったホテルだということが分かった。サンマルコ寺院、ヴェネチアングラス工房を見学してゴンドラに乗り小運河を巡る。四十五年前、ベニスが舞台の映画『旅情』（キャサリン・ヘップバーン、ロッサノ・ブラッツィ主演）のシーンを想い出しながら、あたかも自分が映画のヒロインになったような甘い気分に誘われた。ゴンドラに乗った時、他のゴンドラの船頭さんがカンツォーネを唄って下さった。小運河沿いの裏窓にゼラニウムの赤い花々が飾ってあった。ロマンチックだった。運河は泥くさい匂いだったが、思っていたよりは水が澄んでいた。四回ヴェニスにいらしているという奥様と、映画『旅情』のシーンについてあれこれとおしゃべりを愉しむ事ができた。

サンマルコ広場ではハトがたくさん群れていた。前面に大運河が見え、サンマルコ寺院と大運河が一つになっているように見えた。大運河の向かい側サンジョルジョマジョーレ島の景観はヴェニスの美しい眺めの一つだった。

ヴェネチアングラス工房では職人さんのガラス細工の手が手品師のようで、それを側で説明する店員の片言の日本語がピエロのようで、おもわずおかしくって笑ってしまった。

ヴェニスはまるで一つの劇場であり絵画のようである。是非もう一度行ってみたいと思っている。一組の老夫婦がアメリカにいる息子さんとヴェニスで合流して、ひさびさの親子三人で幸せそうだった。息子さんも親孝行な好青年だった。息子さんのお父様が娘にいろいろ話しかけていらした。

〈ミラノ〉

ファッションの中心地ミラノへ……。

世界で最初のガラス細工アーケードが珍しかった。建築物がすべて芸術、美術の世界で、大聖堂には五百年の歳月を費し、ドゥオモ（ゴシック建築の教会）の幾百もの尖塔が天を突き刺すように伸びている。十四世紀後半に着工され、完成されたのは十九世紀、ナポレオンによってであったそうで、気の遠くなるような話であった。国や権力者が建てたのではなく、市民団体による浄財で建てられたのだそうである。途中、浄財が途絶えた時期もあったようであるが、設計の変更もせず建てたということだけに、どうしてそんな歳月をかけてまで作らねばならなかったのかと驚嘆した。

人それぞれの感性の違いで美しいととる人、きれいととる人、素適ととる人、人様々なのでしょうが、私は五百年の歳月をかけて作り上げたということだけに感動した。オペラの殿堂スカラ座は第二次世界大戦の時、連合軍によって破壊され、再建されたものだそうで残念である。イタリア人は陽気な国民で戦争を好まないので、一番早く手を上げていたので、大切な芸術作品の大きな損失はなかったようである。

五百年歳月かけて作られしドゥオモゴシック
幾尖の塔

色とりどりの風船を揚げて売っているおじさんの周囲に子供達が群がっていた。黄色い路面電車が走っていた。

夕食はミラノ風カツレツで日本のカツレツとは少し違っていた。パン粉ではなく米の粉をまぶしていた。

ミラノでは旅なれた人が添乗員に交渉して下さって、市場の中を見学することができた。見慣れない品々が並べられていて面白かった。太った威勢のよいおばさんが客寄せに大きな声を張り上げていた。オリーブを買われた人がいた。十二月だというのにお花屋さんが道端に色とりどりのお花を花市場のように広げて、春のように明るかった。見慣れない花々があった。
ミラノではムッソリーニがクリスマスに演説したというバルコニーを見て感慨も一入だった。クリスマスのイルミネーションが珍しいデザインで、その下の路上にテーブルと椅子が置かれていた。ソフィア・ローレンの『ひまわり』の映画に出てきた駅ですよと添乗員に言われ、バスの窓から見ることができた。なんでも初めて見るものは素適と見えるものなんでしょう、面白い砂糖菓子細工のような駅舎だった。

〈フィレンツェ〉

翌日、ルネッサンス発祥の地、花の都フィレンツェへ。バスに揺られて二、三十分で着く。しゃれたレストランで昼食、ラザニアは私の口には合わなかったが、娘がおいしいと言っていたところを見ると、若い人好みのようだ。

元薬屋のメディチ家は薬などの商いと金融業で財をなしたそうで、十三歳のミケランジェロを見出し、彼に彫刻の勉強をさせ、ルネッサンス芸術を開花させ、ヨーロッパ第一の花の都フィレンツェに君臨していたそうである。

ウフィツィ美術館、ゴシック建築のドゥオモ、ミケランジェロ広場を見学する。芸術音痴の私でさえ絵画、彫刻の持つ美しさにしばし足を止めて動けなかった。ミケランジェロ広場からはアルノ川をはさんで一望できるフィレンツェの街は、レンガ色の屋根が絵画のようだった。

ルネッサンス華やかなりし頃のフィレンツェが往時の姿のままで残っていて、街自体が美術館といわれるのも頷ける。風が強く、コートを着ていても寒かった。それまで盗難除けにコートを着ていたにすぎなかったのに。ポンチョを買われた人もいらして、それが二千円と格安なのには驚いた。夫に、お母さんはどこに飛んでいくか分からない人だから手錠をはめていくようにと言われていたので、娘はしっかり手をつないで歩いてくれていた。そのためみなさんに珍しいものを見るように言われ照れくさかった。

金沢から来た若い娘さんのグループとテーブルが一緒になった。野菜いためがシャキシャキだったので、家ではこんなにうまくできないですよ、と言うと、おばさんお店のは火力が強いからですよ、と若い人に教えられた。

革製品店で面白いことがあった。

イタリアが大好きで四回来ているという感じのよい中年の御夫妻がいた。奥様が高価なハンドバッグが欲しいとおねだりすると、私達が坐っているソファの隅に御主人が小さくなって隠れて、「僕は日本語も何語もできないから」と口を貝のように閉ざして知らんぷりをしているのがおかしくって、どうなることかと成行きを見守っていたら、とうとう御主人が立ち上がって、奥様と店員さんの交渉に入っていったけれど、思っていた色がなかったのであーよかったと御主人がほっとしていらした。ところが、後で店員が奥様の希望の色を必死になって探してホテルまで届けて来たので、御主人が頭を抱えている様子がとてもおかしくって皆笑ってしまった。

御主人は、「家内は上手に持ってくるので負けるんだ。貴方はお掃除が上手だからと言われるとホイホイと掃除をしてしまい、お料理が上手だからと言われると嬉しくなってしまうし、大きな四角いダイヤの指輪を左にしていると右の指が淋しがってるのと言うので、また買ってやるより仕様がない」とおっしゃったので、「奥様お幸せですね」と申しあげたら、嬉しそうに微笑んでおられた。

けれど、翌日ローマでは、スペイン広場のブランド品店へ早朝から御夫妻で行き、しこたま革製品を買込んで来られたので、似たもの夫婦だなと思った。小学校の校長先生を退職なさったばかりという温和そうな御主人が、女房のカバン持ちに来てるんですよと照れくさそうに笑っておられたが、満更でもなさそうだった。

ツアーの面白さの一つは、いろいろな夫婦の味が見られて、人間ていいな、夫婦っていいなと思ってしまうことである。夕食後ショウウインドウの灯りに誘われてブラブラ歩いている時、誰れかが「映画のシーンですね」とおっしゃった。「ほんとうにそうですね」と相槌を打った。

翌日はバスに三時間揺られてローマに……。バチカン市国、サンピエトロ寺院では、昨年ローマに来ているので懐しい気持になったけれど、前に来た時は雨が降っていた故か、ちょっと感じが違っていた。トレビの泉で硬貨を一つ投げればまたローマに来られる、二つ投げれば結婚できる、三つ投げれば離婚できるということで、皆それぞれの想いで投げたようだが、前に来た時一つ投げたので、また来ましたよと泉に向かってつぶやいた。

帰って夫に三つ投げればよかったと言ったら、ケラケラ笑っていた。

前に来た時は気がつかなかったのに、窓辺の赤いゼラニウムが十二月なのに外に出して飾られていたので、中に入れなくて大丈夫なんですかと尋ねたら、霜が降りないから大丈夫なんでしょうということだった。

バチカン市国の広場では珍しい飾りがなされ、前に来た時とは違った雰囲気に浸ることができた。キリスト生誕の馬小舎が作られていた。そして大きなクリスマスツリーが見事だった。夜、映画『ベン・ハー』の舞台にもなった、灯りのついたコロッセオ広場をバスの中から見ながら、近くのカンツォーネディナーの店に入った。ものすごいボリュームの声でカンツォーネを唄ってくれた。だけどチップを欲しがるのが、日本人には習慣の無い故か少し不愉快だった。

翌日はオプションでナポリ、ポンペイに行く組があったが、私達は昨年行ったので、ホテルで休んでから、ブラブラ、ホテルの周辺を散策した。メイドさんがベッドのシーツを取り替えてくれて、マクラの下にチップを入れておいたのでグラチェと嬉しそうに言った。そして丁寧にお掃除をしてくれた。

前に来た時、十五年住んでいるというガイドさんに、ローマは住みやすい街で、立ち話をしていると、どれどれ俺も仲間に入れろと一人、二人と人が寄ってくる。しかしヴェニス、フィレンツェ、ミラノはお高くて住みにくいとおっしゃっておられたことを思い出した。

歌劇『トスカ』の舞台にもなったサンタンジェロ城。ローマ歴代の皇帝の墓となった中世以後は、要塞や法皇の住まい、牢獄など様々に使われたそうで、二千年の歴史をもつ建物は威容を誇っていた。城に渡るサンタンジェロ橋、その下を流れるテベレ川は、数千年の歴史を秘めて流れているそうだ。どんな世の移り変わりを見てきたのかと思うとまた感動してしまう。街路樹は未だ黄色い葉をつけていて、陽光に照らされてローマの古い街並と溶け合った坂道を、木洩れ日の下をゆったりとした気分で散歩した。
ホテルの近くの道端のカフェ・テラスに腰を下ろして、ボーイにバジリコスパゲティ、ワイン、コーラを注文した。隣のテーブルの日本人女性とイタリア人男性が、食事をしながら私達に声をかけてこられたので、お二人のイタリア語のお力をお借りすればよかったですねと言ったら、しっかり言えてましたよとお上手をおっしゃって下さった。彼は日本が大好きで何度も行っており、二ヶ月後また日本に行くとのことで、私もイタリアが大好きで、米国は大国だと威張っているけれど、イタリアは米国に負けませんねと言ったら、うれしそうに笑ってグラチェとおっしゃった。別れ際愉しい旅をとおっしゃって下さったので、私達はグラチェ、チャオと言って席を立った。やはりスパゲティはおいしかった。

いにしえのローマの遺跡人類の
歴史を秘めし何を語らん

カフェ・テラスには東洋人は三人だけで、他は白人ばかりだった。路上にクリスマスツリーが飾られ、ランタンが吊されていた。帰り途、坂道の店のショウウインドウに飾ってあるネクタイがふと目に留まって夫のために買い求めた。途中の店でケーキと水を買って帰り、ホテルの窓から外の景色を眺めながら二人でケーキをほおばった。甘味がおさえてあっておいしいケーキだった。

翌日、ブリュッセルで乗り替える時、時間が無くて走ったので大変だった。ベルギーに知人がいたのでお電話をするつもりだったのに、とてもそんな時間の余裕が無く残念だった。だけど席が窓際だったので、顔を窓に擦り寄せると、ブリュッセルの街を一望することができた。積木細工のようなメルヘンの街だった。

一人でいらしていた男性が初めての海外旅行とあって、あっちこっちに差し上げるお土産を買いに忙しく走り廻っておられたけれど、帰りは大きな荷物にふくれ上がり、大変ですねと申し上げたら、私と娘の荷物を見て、何もお買いにならなかったのですかと目を丸くしておられた。

ロシア領を上空から見下ろすと、凍てついた川が蜒々と連なり、両岸に民家の灯りが見えた時は感動した。今さらながらロシアの広大な国土に敬意を表した。そして大陸の沿岸が見えた時はもっともっと感動した。往復ともベルギー航空で、サービスがとてもよく、日本茶も用意してくれるのだが、少し眠りたいと思っていても、お茶や食事をしょっちゅう運んでくるので眠ることができなかった。けれど飛行機を降りる時、「アリガトウ」と日本語でスチュワーデスとパーサーが口々に言ってくれたので、お世話になりましたとお礼を言って別れた。添乗員さんにも、御苦労様でした、お疲れが出ませんようにと言って別れた。

みんなで別れを惜しんでいると、親しくなった人達から、お母様よくガンバリましたねと言われ、ああ、齢はとりたくないものだと思った。

帰ったら、夫が門に松飾りをして、お正月料理を買い込んでくれていた。

大陸の沿岸見ゆる感動に
　身をのり出してひとみこらしぬ

カナダ

一九九六年一月二十一日、夫が突然脳梗塞で倒れるという不測の事態に見舞われた。幸運にも麻痺はなく、リハビリの必要もなく済んだ事に感謝している。夫の代わりを務めざるを得ないはめになり、ストレスが溜り、休養を兼ねて十一月、異国に旅立つことになり、カナダの土を踏むことになった。御近所で親しくしている奥様と連れだって飛び立った。世界各地ほとんど行きつくしている海外旅行のベテランである。私は彼女の力に助けられて旅することができた。

成田を飛び立って間もなく、雷雨で乱気流に巻き込まれ、機体が激しく揺れて不安を感じたけれど、二、三十分続いて収まった。こんな事は初めてだった。

バンクーバーで乗り継ぎ、ビクトリアに降り立つ。イギリスの植民地だったとあって、渋い落着いた街並だった。ホテルは超高級で、絵葉書にまでなっているゴージャスでアンティークなホテルで、もう二度とこんなホテルに泊ることはできないだろうと思った。

ブッチャートガーデンにてアフタヌーンティーをいただくことにして、香り高いイギリス紅茶とお菓子を愉しんだ。ガーデン内のお店で華やかな花柄のエプロンと忘れ草と薔薇のティーカップをお土産に買った。大きなモミの木に雪が積もり、ツリーの飾りに異国のクリスマスの雰囲気に浸った。

翌日フェリーでバンクーバーに着く。大自然の雄大な景観を想像していたが、イメージと違って期待はずれだった。米国の男性がインディアンの女性と結婚して、森林を利用してログハウスを建て街を作り上げて行ったということだ。トーテムポールがカナダのイメージを感じさせてくれた。チャイナタウン街の中華料理店での食事はおいしかった。ホテルが十四階の部屋で、カーテンを開けると全面に林立するビルの灯りがスクリーンのように広がっていた。

帰路アラスカが眼下にくっきり見え、川が蜒々と広がっていたそうだが、私は眠っていたので見ることができなかったのが残念だった。

ヨーロッパのように歴史がないので、感動が薄かった。

ヨーロッパⅢ

〈オーストリア〉

一九九九年、また娘と二人、海外へ飛び立った。それというのも、夫が前年十月、大腸ガン切除という不測の事態に遭い、その秋にスイス、オーストリア、ドイツと予約してあったのをキャンセルしたということがあったからである。夫の健康も回復したので、若い時の夢であったウィーンに行かなければ、この世を去る時、後髪を引かれるだろうとの一念があったのである。また、夫の好きだった映画『第三の男』の舞台となったところでもあった。

飛行機は全日空・オーストリア合同便であった。約十二時間の飛行時間も、朝十一時成田発、翌四時ウィーンと夕食後すぐ就寝できた故か時差ボケの苦痛もなく、第一日目が過ぎた。

翌日はウィーン市内観光。ウィーンの重厚さを見事に表すシェーンブルン宮殿。そこでマリー・アントワネットが少女期までを過ごしたという感慨の想いで各部屋を見て廻ったが、とりわけ庭園の西欧風な明るさが印象に残った。ベルヴェデーレ宮殿、王宮、モーツアルト像などを見物。ウィーンの森では散策しているお姫様が現れそうだった。森の中で夕食にするが、お腹をこわしてトイレに駆け込むことになった。

翌朝、バスにてザルツカンマーグートでモーツアルトの生家を見学後、ミラベル庭園、ホーエンザルツブルク城等を見学する。

映画『サウンド・オブ・ミュージック』の舞台にもなったヴォルフガング湖を見物、また改めてビデオを観たくなるほど湖の美しさに引き込まれるようだった。モーツアルトの母親の家の側で夫にチロリアンハットを買い求め、娘が早速被って歩く。なかなか可愛らしく若く見える。『サウンド・オブ・ミュージック』でトラップ男爵一家がオーストリアから山越えの逃避行でスイスに入り、アメリカに亡命した国境には言いしれぬ感動を覚える。日本という島国で国境のない安全圏に住んでいると、心の中を哀愁のようなきびしい冷たい風が淀んで流れてゆくような感覚に捉われた。

〈スイス〉

インスブルックを経由しサンモリッツへ。途中バス酔いの為夕食に出られず、クリスタルホテルでベッドに横になり、体を休める。夜、一行は町へ見物に出かけた由、娘は魚のムニエルがおいしかったよと言う。

翌朝、氷河特急でインターラーケンへ。氷河特急の車窓より鉄橋が見える。丁度兵庫県の日本海側にある余部《あまるべ》鉄橋に似た感じで、川底からどれぐらいの高さにあるのだろう。登山電車で三四五四メートルの山頂に着く。アイガー、メンヒ、ユングフラウ、モンブランの大パノラマを眼前に見る。昭和天皇は二度行かれて霧のため見ることができなかったそうであるが、私共は晴天に恵まれラッキーだった。氷の部屋を見て歩く。日本の〝千代の富士〟の氷の彫刻をこんな処で見るとは……。

エーデルワイスの押し花を買う。そして何万年も昔々の氷河を見ることができた。ホルン吹きのお兄ちゃんと写真を撮ったが、写真に収まっていなかったのが残念だった。牛飼いのカウベルを皆さん争って買っていた。私も老人用トイレにと買い求めた。

スイスで娘が時計を買った。きれいな湖のある小さな寂しい町で、日本人の若い娘さんが店員をしていたので、日本の親御さんに時々お電話なさいね、と出しゃばりばあさんのお節介が口出しした。その近所の子供達が日本語をかなりしゃべれたので、どうしてと訊いたら、お店の日本人のお姉さんに教えてもらったの、と日本語でお返事が返って来た。

地方の温泉旅館の夫婦連れ御一行様がお土産を両手に抱え込んで、フウフウ言いながらも、娘が分不相応なスイス時計を買ったのを目ざとく見つけて、ブルジョワはバッグに入れないものしか買わないんだ、と皮肉を言われて、二人で小さくなってしまった。

〈**リヒテンシュタイン**〉

スイスからリヒテンシュタインに入る。世界で一番小さな国と聞いていたが、とても清潔で落ち着いた町だった。ちり一つ落ちておらず、隅々まで一つの国としての神経が行き届いているのがよく分かった。

〈ドイツ〉

ローテンブルク市内を観光し、その後、古城街道に入った。古城街道というだけあって、その名の通り日本でいういわゆる城下町だった。ロマンチック街道に行った時、街は名前の通りのメルヘンの街だが、博物館を見学して、中世にはあんなにも残虐な行為が行われたということにショックだった。同行の男性が今晩夢を見ると肩をすくめていた。

ロココ調のビース教会で、赤い血の涙を流すといわれるキリスト様の前で十字を切り、ひざまずいてお祈りをした。

娘が永年あこがれていたノイシュバンシュタイン城「白鳥城」の外観を吊り橋から見学、内部も見学すると、樫の木に彫刻して作った家具は心を落ち着かせるものがあった。とりわけ台所に興味を惹かれたが、鍋や素朴な調理場にほかの城では見られなかったゲルマン民族のドイツ人気質がうかがえた。内装は、四分の一程度までしか行なわれておらず、未完成のままで終わっている。

国王ルードヴィヒ二世は贅沢の限りを尽くし、そのために側近たちの手でベルク城に幽閉された。その上、精神障害であるとして禁治産者とされ、ベルク城へ連行されたその翌日、侍医とともにシュタルンベルク湖で謎の死を遂げた。

城の建築には風景と建物の調和をことのほか大切にしたそうで、左にアルプ湖、右にショパン湖（白鳥湖）、その裏側の、木々に覆われた丘がオーストリアとドイツの国境になっている。

ローテンブルクの近くのホテルで日本びいきのオーナーが、日本に来たときにライスカレーの作り方を習い、炊飯器も買って持ち帰り、そのライスカレーをご馳走して下さったのには感激した。オーナーにダンケとお礼を申し上げたら、「ダンケシェーン」と腰をかがめて握手を求められた。

ハイデルベルクは学生の街である。ハイデルベルク城が地震で壊れた跡を見学した時、イタリアファンの奥様がもうイタリアに行かなくてもいいわとおっしゃったので、どちらがウエイトが高いですかとお訊きしたら、ドイツの方がすこし高いですねとおっしゃった。御主人に、第二次世界大戦で連合軍はハイデルベルクをドカンドカンとやらなかったのですかとお訊きしたら、ケルンは壊滅状態だったそうですが、また復元したそうで、ハイデルベルクはその必要性が無かったらしいですね、とおっしゃったので、どこかの国とは大分違いますねと苦笑した。

私は琥珀《こはく》のイヤリングを買ったが、日本の半値だった。ここでも日本人の店員が多かった。日本経済が不況の嵐の中で、どうして日本様々なのか分からなかった。

ライン河を二時間三十分クルーズする。両岸に古城が見え隠れする。一つの古城に鯉のぼりがはためいていた。日本のお金持が古城を買い取ってホテルにしているとか。緑が水に映えてさわやかで美しく、ローレライの岩のところに来ると、船内から「なじかは知らねど」とローレライの唄声が流れて来た。

船上にてアメリカ人御夫妻と私達ツアー一行との国際交流の場が作られた。ハーモニカで菩提樹始め日本人にもお馴染みのアメリカンソングが次々に披露され、みんなで手拍子、合唱と盛り上がった。フランス人の御夫妻が一組取り残され淋しがっているので、娘に話相手になってあげてくれと頼まれ、つたない俄通訳をつとめた途中で下船。細長い路地を入って行くと両側が商店になっていて、ところどころぶどうの木がわずかな土に植えられて陽除け代わりになっていた。一つの店の奥で、男女が陽気な音楽に乗って踊りまくっていた。

フランクフルト市庁舎前の広場のベンチに娘と二人で坐っていると、ドイツ人青年が横に坐って英語で話しかけてきた。彼は弁護士で、五ヶ国語を話すことができるとあって、とてもチャーミングな人柄のよさそうな好青年であった。お互いにアドレスを交換し合って別れた。近くの〝オスシヤ〟に連れて行ってやろうと言ってくれたが、時間の関係でお断りした。

ドイツを後にする時、長距離の運転をして下さった運転手さんの労をねぎらうために、皆でお金を出し合ってお礼をした。運転手さんは今にも泣き出しそうな顔でダンケシェーンを繰り返し、「皆さんが無事に帰国されることをお祈りします」と言ってくれた。日独の友好がまたしっかりと結ばれた思いがした。

皆で、拍手でバスを見送った後、きっと永遠に残る記念の品を買われるでしょうねと、娘と語り合った。

私は難しいことは分からないが、第二次世界大戦で日独伊が三国同盟を結んでいたのが感覚的に分かるような気がした。もちろん日本、ドイツの犯した消し去ることのできない歴史的な罪は別として……。

娘に迷惑のかけどうしであったが、行ってよかったと思っている。だけど最後の海外旅行になることでしょう。淋しい限りである。未だ行ってみたいところはあるが、そこは世界の火薬庫と言われていて、いつ政変に巻き込まれるか分からない国だけに、老いの身には無理だろう。

病後の夫を残しての十二日間の旅であったが、帰国した時ホッとしたと、後日日記に記されていた。この二年後の十月二十六日、正確には一九九九年十月二十六日、夫は膀胱ガンにて妻と娘を残して永遠に旅立ってしまったのである。

手術後、場所もよく、病巣も全摘出だったし、顕微鏡の検査の結果も全く異常がないので安心して下さいとの主治医の言葉に、胃腸薬しか与えられていなかった。病院側では一年前に余命一年ということが分かっていたのに、家族に知らされたのは死の三ヶ月前だった。言いそびれたと言われた時、呆然とし口惜しいとしか言えない。もっと早く言ってくだされば、残された時間を家族三人で素晴しい計画を立て、十年分ぐらいの時間を持てたと娘は口惜しい思いでいる。家族は諦めきれない思いである。もっとも夫の父と兄が共に外科医ということもあって、過信もし家族の甘さもあった。前向きに対処しなかったことにも一因はあると思ってはいるものの、本人は無念だったろうと思うと可哀想でならない。高齢化社会で六十九歳は未だ若い。

〈夫の旅〉

一九九九年三月七日、夫と娘はパリに旅立った。死を予感していたかのような夫のたっての強い希望で、ツアーでは病後の体には無理だろうと、娘のフランス語を頼りに、パリそしてロワール城巡りをしたそうだ。モンマルトルの丘の階段を登るのは無理だからと言う娘の制止を振り切って、夫は丘に登り、サクレクールを見て喜んだという。マリー・アントワネットが閉じ込められていた牢獄を見て、石の建物に住んでいるから人間の心が冷たいんだと憤慨していたそうだが、帰ってからも何度も言っていた。

予約しておいた高級レストランで気取ったことの嫌いな夫が正装して食事をしている様子を想像して、泪が溢れるのを押さえることができないでいる。ボリュームのある料理を全部平げたという。旅先のパリから夫の絵葉書が届く。郵便局を探すのに苦労したよ、と帰ってから笑って言っていた。娘とはぐれた時の為にと、タクシーでパリ市内どこまでも乗れるだけのフランを持たせたそうだが、夫は細々としたことに使ってしまったと、娘は苦笑していた。

銀座を娘と腕を組んで歩いて、知人に出会ってひやかされた、と満更でもなさそうな顔をしていた。

夫亡き後、娘と小さな書斉を整理していると、娘の入園式からずっとつけていた日記が見つかり、それを読むと、公私共に人の三倍は生きてきた人だなあと思った。

出棺の時、それまで口を閉じていたのに歯を見せて目尻を下げて笑っているのを見た時には、生き返ったのかとびっくりした。物知りの、夫のお仲間がお線香の煙で肉体が悦ぶんだと教えて下さったが……。

死の直前までシワもシミもあった人が、顔色は茶褐色、ツヤツヤというよりピカピカ光っていて、生物の不思議さに驚いた。

娘は、お父さんは私達を残して先に旅立ってしまったけれど、笑っていたからもう許してあげる、と折にふれ言っているが、妻の私は夫の叙勲の功績調書を読むと、妻として夫の生きて来た人生が何も分かっていなかったのではと心傷む思いもする。

他界する一ヶ月前、ある俳優さんがガンと分かってから死に至るまでの姿勢を某テレビ局で放映したのを録ったビデオを、五回、いつもと変わらぬ顔で観ていた夫の心の内を知る術もなく、辛い思いでその横顔を何気なさを装って見ていた妻の心の内を知らないまま、夫は逝ってしまった。今日は夫の七十歳の誕生日。夫の大好物だった、もりそばとお酒を供えて、一緒にいただきながら、娘はお父さんのような人でないと結婚しないと言う。女親としてどう受け止めればよいのか戸惑うばかりである。娘と腕を組んでバージンロードを歩く時のことを想像して話し合った時、夫は照れくさそうな、うれしそうな顔をしていた。

死の二十日前、夜半目覚めると夫は枕元のスタンドの灯りで本を読んでいた。どういう心境で読んでいるのだろうかとたまらなかった。神様、この人はまだまだ社会のお役にたつ人間です、奇蹟が起きますようにと、助けてあげて下さい、もう少し命を与えて下さいと、必死にお祈りをした。

結婚当初から、一升瓶をデンと置いて呑む程の酒豪だったが、死の三ヶ月前、ドクターストップがかかったのにも拘わらず、「こんなうまいものが世の中にあるのに呑まない手はない」と、医者に「それだけはカンベンして下さいよ」と言って酒を断とうとしなかった夫。死後そのことに悲しみより腹が立って仕方がなかった。人生を公私共に愉しみながら生きていた夫。死後、近くの八百屋のおばさんに、男の人であんなに買物を愉しみながらしている人を見た事がないと言われたけれど、高齢化社会で享年六十九歳はまだ早過ぎる。これから余生を、老いの坂道を、一緒に歩きたかったのに……。一人で老いてゆくことにはとても厳しいものがある。命と引き換えにしてまで呑まなければならなかったお酒というものが、そんなにも美味しいものなのか、下戸の妻は理解に苦しむ。

夫の残した書物の中から『小津安二郎日記』を取り出して読んでいる。二人共小津映画のファンだったので、小津映画のビデオをあきることなく何回も観ていたものだと懐しく思いだす。読後の感想を娘に言って、お父さんからは的確な答えが返って来ていたのにと、娘には無理な注文をつけ、寂しさと虚しさで飴玉をしゃぶって気持を紛らわせた。

親愛なる知人の奥様が、映画『カサブランカ』の最後のシーンがあの映画の見どころねとおっしゃった。その話を夫にしたら「違う。見どころは黒人のピアニストが〝アズ・タイムズ・ゴーズ・バイ〟を弾いているところにイングリッド・バーグマンが入って来て、ハンフリー・ボガードと再会する、あそこだよ」と一杯機嫌の夫と期せずして思いが一致して快心の笑みを浮かべあった。永年連れ添った夫婦の心のふれ合いの一齣だと思った。

今の建国記念日、昔の紀元節に「雲にそびゆる高千穂の」と二人で唄っていると、娘がそれなんの唄と訊いたので、昔々の貴女が生まれる前の日本の記念日の唄よと言うと、なんだつまんない、とくるりと背を向けて行ってしまった。夫と顔を見合わせて苦笑した。苦楽を共にした人生の戦友を失った妻にとって、こんな些細な思い出が貴重に思える日々である。

女としての人生もかなり日暮れてきて、しみの多さに思わず顔をしかめながらも、通過してきた人生の節目節目をふり返ってみて思わず顔を赤らめて、ほころびを繕ったりもする。

娘と手を握り合って坂道を下って買物に行く途中、右手に真赤な夕日が落ちてゆくのを見て、その昔、娘が生まれる前に、札幌郊外の石狩原野の彼方に、真赤な夕日が落ちていくのを見たあの時の感動が蘇って胸がきゅっとなるのであった。あの時、若い二人のこれから永い人生を祝福するかのように、馬ゾリが雪原をシャンシャンシャンと威勢よく鈴を鳴らして走り去って行ったたっけ。

ふるさと函館にある夫の生家に観光と慰めの土産を携え、私の学生時代の友人が遠方から訪ねて下さった。庭でバーベキューをしたり、大木の木蔭でハンモックに揺られながら空を見上げていると、落っこちるなよと天国から声が聴こえてきそうな錯覚に捉われた。クローバーを敷き詰めたテーブルでお茶を飲みながら、残された短い時間をどう生きるべきか女同士のオシャベリに日が暮れた。

死の直前、趣味の写真で鮮やかな色彩のものを撮りたいと言ったが、それがどういうことであったのか、今となっては知る術もないが、おそらく命のもえつきる最期の花火のようなものではなかったかと思っている。

毎年大晦日の夜、妻の手作りのおせちを、重箱に詰めた残りを酒の肴にして呑むのが至福のひと時だったようで、そのあと三人で近くの「おそばや」さんに繰り出し年越そばを食べて帰り際、口々に「良いお年を」と言い残して、娘と二人で夫のポッケに手を突っ込んでスキップしながら帰った。

ささやかな幸せがもう戻って来ないと思うと、人生の虚しさのみ感じてしまうけれど、これからの余生は、また新しい道に、新しい小さな花を咲かせながら歩き始めたい。

「娘に万一のことがあったら、お父さんどうする」と訊くと、「俺は頭を丸めて仏門に入るよ」と、それほどまでに愛してやまなかった一人娘を残して夫は旅立ってしまった。娘がまだ小学生の頃、朝起きると父親のベッドにもぐりこんで、おとぎ話を聞いていた。大人になってから、そのおとぎ話が、父親の創作だった、毎日お話を作るのに苦労したと、父親から言われたことが娘の心に残っていたらしく、死の三ヶ月前、父親のベッドにもぐりこんでお話してとせがんだら、「猫がいました。猫でした。それでお終い」と言われたという。娘は、父が「愛」とは「おもいやり」だと言っていたからと、江戸時代から続いた由緒ある墓とは別に、夫だけのために娘が建立し墓石に「おもいやり」と刻んだ。

夫は天国ではにかんで照れくさそうに笑っていることだろう。

父看とる娘のひねもすは
如何なると母の心情心みだるる

第二部

人生の戦友夫の死

夫婦喧嘩

夫は常々、喧嘩しないような夫婦は、ほんとうの夫婦じゃないよと、言っていたものだが、私共夫婦の喧嘩は瞬間湯沸器のようなもので、五分と持たない。食事の時などに、魚がよく焼けていないとか、焦げすぎているとか、ほんとうに些細なことで、一家の主《あるじ》としては当然のことを言っているつもりなのだろうが、妻にしてみればプンとふくれてしまう。そうすると、「何をふくれているんだ」と簡単に片づけられてしまう。「食事の時ぐらい我慢して黙って食べなさい、文句を言えないように、口を閉じさせる機械が売ってないものかしら」と言うと、「ウマイウマイと思って食べられないよ」と口をとがらせている。そこで妻は笑ってしまう。負けだ……。

夫の買物好き

夫は買物好きな人で、「大根おろし器がアルミじゃ力がいるのでよくすれない」と言うと、大根おろし、それも飛び切り辛いのが好きな夫は、よし一走り行ってくるかと、合羽橋の問屋まで行って銅のを買って来て、「どうだ、よくすれるだろう」と台所に入って来て覗き込む。妻が喜んで大袈裟に「これはいい、いい」と言うまで側について離れない。喜ぶ顔を見て「やっぱりお父さんでないと駄目だな」と自分で言ってニンマリ。サンマやサバにたっぷり添えて「ウン、こりゃうまい、お母さんはお父さんが憎らしいと思って意地悪く力を入れてすったから、こんなに辛くてうまいんだ」と憎まれ口を利きながら、酒をうまそうに呑んでいる夫を見ていると腹が立たない。

それからは夫がいる時は、夫が大根をおろす役目になってしまった。

ある時、折り畳みの虫めがねを買って来てくれた。「バッグに入れておくと便利だよ」と言う。妻が「こんなのが前から欲しかったのよ」と喜ぶと、「そう思って、お母さんが喜ぶと思って見つけてきたんだよ」と言うが、あとがいけない。それから五つも買い込んできたので「こんなにいらないわよ」と言うと、「これで、お母さんは老眼鏡、老眼鏡と探し廻らなくても済むよ。あっち、こっちにバラ撒いておけばいいんだから」と言う。うっかり喜べない。

アルミの玉子焼き器で玉子焼きが焦げたら、また合羽橋まで行って業務用の大きな銅のを買ってきて、「これで職人さんに負けない玉子焼きが作れるぞ」と意気込んで、「こんなうまい玉子焼き、日本中探しても喰べられないぞ」と恩着せがましく言う。妻は嬉しいより呆れて、夫の頭の構造はどうなってるのだろうと顔をのぞき込んでみても意に介せず、愉しくオママゴトをして遊んでいるように、出来上がったものを力作だと自画自賛している。

夫は買物好きではあるけれど、こと自分のものになると、たとえば身に着けるものの一つにしても、どれを買ったらよいのか分からない。

夏の始めに北海道に出張に行って気温がひどく下がった時、寒くてブルブル震えたと言う。洋服屋さんで見つくろって買って着ればよかったのに、と言うと「下着ぐらいなら分かるけれど、何を買えばよいのか分からないんだよ」となさけなさそうな声で言う。

それからは妻がダンディ紳士に仕立てあげていった。それには文句を一度もつけた事がないが、当然である。

夫の人格、ポリシー

これまでの書いたものをお読みになったら、単純な夫とお思いになるでしょう。ところが、これがなかなかの頑固で、人生に対して人間としての厳しいポリシーを持っていたと、父亡きあと、娘がそんな父親との想い出をポツリポツリと語り始めた。母親の私は娘がお父さんにそんな思いを抱いていたことを初めて知った。

幼い頃電車に乗って子供さんが椅子に上がって窓外を眺めているのを見て、私もああしたいと言うと、「他人様の迷惑になるから我慢しなさい」と言う。ポッケに飴玉が入っているので「お口に入れたい」と言うと「お隣の人のお洋服を汚してはいけないから我慢しなさい」と言う。椅子に坐って足をブラブラしていると「静かにじっと坐ってなさい」と言う。何故私だけがあれもいけない、これもいけないと言われなければいけなかったのかと思ったと言う。でもお父さんの言った事は間違っていなかったのよと言うと、娘は「私も今はよく分かってるし、お父さんは人間として尊敬しているよ」と言ってくれた。男としても魅力のある素適な人だったねと、思慕の情を語り合う日々が過ぎてゆく。

今、クラシック音楽を聴きながらこの雑文を書いていると、「お父さんに、クラシック音楽を聴いたら、これは誰れの作曲だとすぐ分かるように耳に慣らしておきなさいと言われた、それが今役に立っているよ」と娘は言う。

一人娘を小学生の時から塾に行かせず、「塾に行かないと大学に入れないんだったら、大学に行かなくてもよい。大学で学んだことは社会にお返ししなければいけないんだよ」とよく言い聞かせていた。娘はそう言った父親に時としてプレッシャーも感じたと思う。

結婚の始め

私共夫婦は、結婚と同時に夫の転勤で、札幌で結婚生活の始まりを迎えることになった。当時は、石油ストーブは無く石炭ストーブで、ガシャガシャとデッキで灰を落として、朝外に捨てるのが日課の一つだった。根雪が溶け、馬糞風が吹いてくると、スカーフで頭をすっぽり包んでいても、それは悲しくなるくらいに、頭も洋服も灰で汚れてしまう。オシャレなんかできるものではなかった。妻をこんな遠い、生活習慣の違う処に連れて来た事を可哀想に思ったのか、暇を作っては、北海道の北の果てから道東、道央、道南へと、旅に連れ出してくれた。

まだ北海道も観光化されていなかったので、四季折々の自然の風景を愉しむことができた。

新婚旅行で行った支笏湖は、当時は土産物屋も一軒しかなく、そこへ行きつくまでの道は無いと言ってもよいぐらいのデコボコ道。十月二十日、道南は紅葉の真盛りで、カサコソ、ザワザワと枯葉が車に擦れて、まるで火事場に入っていくような幻想の世界だった。湖畔の向こうまで行くのに小さな船に乗ったが、ランプの灯りが心細く淋しく、新婚旅行という気分ではなかった。船着場のそばがグランドホテル。ホテルも一軒だけ。十月末にはホテルも閉めるとあって、私達は最後の旅人だったようだ。玄関を入ると広いロビーの暖炉に、白樺の丸太が赤々と燃えていて、ほっとひと心地つく思いだった。

湖にはヒメマスが泳いでいて、澄明な湖の底には、火山の噴火で水没した木々が突立っているそうで、身を投げた人達の死体は絶対に上がって来ないそうである。が、湖の周囲は絵具を溶かした如く、白、緑、赤、橙、茶、黒、黄色と、紅葉とはこんなに美しいものなのかと、それは絶対忘れることのできない錦織りなすという形容がぴったりでした。

それから三十五年後、二人で想い出の地を訪ねたが、三十五年ぶりに行った支笏湖はすっかり俗化されていて、昔の彼女には会いに行くなという言葉の通りだと思った。

結婚生活の始めは照れくさかったのか、夫は私に玄関まで送ってくるなと言うので、二十メートルぐらい行ったのを見届けてから窓を開けて「行ってらっしゃい」と大きな声で言ったら、耳の付け根まで赤くして、ものすごい勢いですっとんで行った。帰るなり「参ったよ。停留所までクスクス笑いがとまらなかったよ」と……。必死の二ヶ月前、その話をして「覚えている」と訊いたら、「覚えているよ。人を馬鹿にして。絶対忘れるものか」と笑っていた。

夫に頼まれて、写真屋にフィルムの現像を出しに行った帰り、雨が降り出したので下を向いて走ったら、行けども行けども我が家が見つからない。不安になって夫の職場に電話したら、家とは反対方向に走っていたのである。これからは首に迷子札をぶら下げさせると言い出したが、それはゴカンベン願った。

今のトイレットペーパーはロールだけれど、その頃は落とし紙で、「このぐらいのを買って来て」と手で大きさを示して夫に頼んだら、店員さんに五十センチ四方ぐらいのをと言ったら、「そんな落とし紙売ってません」と言われて、店員さん達にクスクス笑われてこっぱずかしかったよと、娘にいつまでも言っていた。お母さんはケロッとしてるんだものなあと笑っている。

娘の小学生の頃

娘が小学生の頃、夫の職場の若い御夫婦が子供さんを連れて遊びに見えて、帰るのを夫は娘と駅まで見送った。その時、一杯機嫌の夫が、駅前で童謡の「カモメの水兵さん」を唄って踊ったのを、娘は恥ずかしいとワアワア泣いて帰って来た。帰り途でも、雪の中で大の字になって寝転んではしゃいでいたと、娘は母親に告げ口をしたけれど、ひどく淋しがり屋でロマンチストだった夫は、子供が居ても学生気分が抜けなかった人のようだった。

職場での若い頃

若い頃、職場ではまだ下っ端の時代に、宴会があると夫は伴淳三郎の『二等兵物語』を唄うのが得意だったようで、なんとなく他人が聴くと物悲しく感じるのに、本人は大真面目でアンコールに応えて唄っていたそうだ。

晩年は生家が函館ということもあって、『津軽海峡冬景色』を唄うのがオハコになっていたらしく、宴席の座興で振りをつけて唄うと皆がお腹をよじって笑い転げてるんだよと言って、ワッハハと自分も笑ってる。

我が家ですき焼きをすると、「お父さんは外でおいしいものを喰べる機会があるから、お前達は思う存分食べなさい」と言って、先に箸をつけず、妻と娘が喰べた残りの、わずかな肉の切れ端でお酒を呑む心やさしい人だった。

独身時代、北洋漁業で賑った頃、カニ工船、サケ・マス漁業の監督官として北洋の海に一回につき三ヶ月間乗船して、大シケの海で乗組員達と酒を汲みかわし、苦楽を共にして来た事が、夫が人間として大成できた礎になっているのではないかとも思っている。

オチャメな読書家

夫はおちゃめさんで、ふざけて私達がマゴの手を持って追っかけ廻すと、お尻をピンピン叩いて二階に駆け上がり、アカンベーをして書斉に閉じこもることがしばしばだった。

大変な読書家で、引越しの時、二トントラックに本だけで二台あった。その他図書館で借りてきて読んでいたので、夫が読破した本の量は膨大なものになると思われる。

ソ連領視察

娘が小学生の時、夫は、今のロシア、その当時はソビエト連邦の視察団団長として、ガタガタ揺れるアエロフロートでソ連の広大な国土をくまなく視察した。御主人の温和な人柄と統率力のお蔭で無事任務を終えることが出来ましたと、お悔みの言葉と共に寄せられた手紙に、ついこの間の事のように思い出す。あの時はソ連時代でもあり、夜半に三回、どこかに行っていないかと電話でチェックされたので、よく眠れなかったよと言っていた。盗聴器が仕掛けられていたようだとも言って、従って会議は戸外でしていたとも話していた。

あの頃、ソ連には折り畳み傘が無くて、男性も女性も喜ぶというので二人で買いに行ったけれど、当時はまだ重い折り畳み傘だった。確か一本二千円と記憶している。二十本買い込んだ。あの時代のソ連はネオンも看板もなく、いかにも共産国らしいと聞かされていた。ロシア人は素朴な人柄で豪快だとも……。終戦の時、日ソ中立条約を破棄して、大勢の日本の民間人に悲惨な目に遭わせたことを思うと、こんなことを書くとお叱りを受けることと思うけれど……。

キエフのあるホテルで結婚式が行なわれ、夫達日本の視察団一行は花婿花嫁のために祝杯を挙げた。そして踊ったと……。

蜒々と続く畑には白い綿玉がたくさんついていて、車を止めてもらって記念に二つ三つ頂いて帰って来た。

帰国してキャビアの瓶詰めを知人にお土産として差し上げたら、靴墨と間違われて大笑いした事があった。

琥珀のペンダントをお土産に買ってきてくれたが、松ヤニの化石で木の葉がたくさん入ってるもの程高いとのことだ。それから琥珀に魅せられていろいろ買い揃えた。ソ連のものは加工が粗雑で美しいという感じではなかったが、ソ連のチョコレートは甘みが少くて素朴な味だった。

銀座の〝ベオレスカ〟。ちょうど四丁目あたりにあったと思う。ソ連製品が種々取り揃えてあって、そこのチョコレートは、一度味見されたらと思う程、バリバリとして金貨の形に金色の紙でくるまれている。どなたの口にも合ってお酒のおつまみにもなるのではないかと思われる。

チリのサケの稚魚放流

娘が中学生の時、チリのマゼラン海峡近くでのサケの稚魚放流に際して、夫は、チリ政府の招聘《しょうへい》で日本の研究員達と共に地球の裏側まで行ってきた。チリの大使館では大使主催のレセプションが行なわれ、広大な庭でバーベキューパーティーが開かれたそうだ。日本とチリの旗が掲げられ、日、チリの友好と親善そしてチリ政府への援助という重責が達せられたものと思う。

ガンコ

夫は、余計なことを言わない人だったと、告別式でおっしゃっておられた方がいらしたが、ほんとうに、余計な事を言わないために、後始末に困ってしまう事もしばしばあった。オシャベリも困るけれど、昇格した事も、靴を脱ぎながらボソボソと聴きとれないような声で言う。お前には関係の無い事だからと言う。後で親戚の長老からお叱りを受けるのはいつも妻の役目……。

出張に行っても、ホテルの手配や宴席が用意されているとひどく怒って、俺はビジネスホテルに泊って、屋台か赤ちょうちんで一杯呑んで、ぶらりと一人行きたい処に行くのが愉しいんだから、迷惑だ、放っておいてくれと断る。受け入れ側は困惑してしまうという事がしばしばだったようだ。

家族とのつながり

夫は出張で家を留守にすると、日に三回は電話してくる。甚だしい時は四回もしてくる。

「今着いた。今から会議だ。終わったから風呂に入って酒を呑んでめしを食う。これから寝る」

仕事の帰りにも、毎日毎日「今晩のおかずは何だ」と聞いてくる。それによって好きな酒の肴になるものを、駅前のスーパーで見つくろって買って帰る。

ある時、仕事仲間三人と出張に行った折、受け入れ側は気を利かせてそのうちの一人に「お家にお電話なさったら」と言ったら、その人が「どうして家に電話しないといけないのか」と怪訝そうな顔で言ったらしい。「我輩は驚いたのである」と日記に記されていた。

写真道楽

十五歳の時からの夫の写真道楽。休みの日はその日の天気、気温によって、第一装備、第二装備、第三装備といでたちが違ってくるのである。いざ〝出撃〟と、今日はどこに行くのか、日帰りで行ける処はほとんど行きつくし、気に入った処には何度でも行っていたようだ。おむすびの日もあれば、立喰そばの日もあるようだ。

自動販売機で缶ビールを買って呑み、御満悦で帰宅するのである。

結婚当初、まだ娘が小さい頃はよく三人でお弁当を作って行ったものだが、自称芸術家は、ライカを始めとする数台のカメラをリュックに詰めて、永い時間をかけて撮るのだから、妻や娘はとてもつき合っていられない。撮って来た写真のネガを現像して、二人でどれが良いかを決めて引き伸ばすのだが、妻の感性と夫の感性がピッタリ一致するのだから不思議だ。

銀座のよく当たる易者に見てもらった時、夫婦の相性が大変良い、母娘の相性もとても良いと言われた。家族三人、物の見方、考え方、生き方も同じだと言われたけれど、良い家族であったと思う。

もりそば

夫は〝もりそば〟が好きで、酒の肴にして一杯呑むのが大好きだ。そば屋に妻と行くと、すぐ〝もり〟と言って食べ始めてから「しまった、お母さんにはお母さんの好きなものを食べさせればよかったよ。お父さんは〝モリ〟が口ぐせになってしまってるんだよなあ」と言って、「すまん」と謝る。

「引退後、お昼は毎日、熱カンでお酒、が日課で、そば屋で呑んでいるとお年賀状に書いてありましたが、まるで映画のシーンのようで、僕も一緒に連れていってもらいたかったのに」と、かつてのお仲間から夫への思慕の情がつづられたお手紙をいただいた。

娘の友人にほめられて

娘のニックネームは〝ミンコロ〟という。「『〝ミンコロ〟のお父さんは〝ナイスミドル〟ネ』と友達が言ってたよ」とお父さんに言ったら、「一杯飲ましてご馳走してやるから一緒に連れて来い」と言うから、「お父さんの行く処は赤ちょうちんや焼鳥屋だから駄目よ」と言うと、「よし、お父さんはこの際目をつぶって高級でしゃれたレストランに連れて行くから、気に入った店を探しとけ」と言っていたのに、その約束も果たさないままさよならしてしまったと娘は涙ぐんでいる。

ガンコと単純さが背中合わせになったような人だ。

昇格内示

上司に呼ばれて昇格の内示を受けた。夫は「僕はそんな器じゃありませんよ」とお断りしたら、「そんな事は他人が決める事で、自分で決めることではない」と叱られたという。気の弱い一面がある。娘も父親の血を受け継いだのか、見かけ倒しのところは二人共そっくりだ。

夫が国会で答弁した時一緒に行って下さった部下の方が、御立派でしたよと申し上げたら、「足がふるえてたよ」とおっしゃっておられましたよ、と教えて下さった。

ある時、記者会見での談話が夕刊に載った。その日の夕方から朝刊のスクープ取りのために各社の車が家の前に社旗を立てて並んだ。夫は「近くまで帰って来たが帰れない、夕刊に載った談話が全部だから、もう何も話すことがないから、廻れ右して駅まで来て、一杯呑んでいるから」と言う。十時過ぎ、娘に偵察に行かせると、社旗をおろして辻々でまだ見張ってると言う。新聞社から「奥さん、御主人の行先分かりませんか」と度々電話がかかってくる。夫は電話で「まだ居るのか」と聞くので、「今夜はホテルに泊りなさい」と言うと、「そうするか」という事に落ち着いて、新聞社の方達には御迷惑をかけたし、御近所にも大変御迷惑をかけてしまった。

恩師の訃報

学生時代の恩師が亡くなった時、その訃報に接し、夫は「先生が亡くなった、亡くなった」と床をゴロゴロ転がって号泣していた。

私達が結婚の御挨拶に先生のお宅にお伺いした時、奥様が夫の事を「どんな方と結婚なさるか興味がありました」とおっしゃったことを今も憶えていたので、夫亡きあとそのことにふれ、「奥様、憶えてられますか」とお訊きしたら、「ハイ、しっかり憶えてますよ」とおっしゃられたので、「どういうことだったのでしょう」と申し上げたら、「実はね、うちの主人ともう一人の教授、それに学生時代のご主人が酒を呑んでいた時、学問的な事で意見が食い違い、教授二人と学生のご主人と意見が合わず、今にも掴みかからんばかりの激論になり、まだ学生のご主人が負ければよいのに、とうとう教授二人に頭を下げさせたの。そしてゴロンと横になってグウグウ高鼾《たかいびき》で寝ておしまいになったんですもの。まだ主人は四十歳、私は二十八歳だったので、私は間に入って止めることもできず、ハラハラしてしまって恐かったの」とおっしゃった。

ずっと年末の御挨拶を通して交流はあったものの、お互い遠く離れていたので、お会いする機会もなく打過ぎていたけれど、二十年ぶりで再会することになり、先生自ら車を運転なさって駅迄お迎えに来て下さった。お宅に上がると奥様が「主人すぐ分かりました？」とおっしゃったら、「そりゃ分かりますよ、先生〝じゃがいも〟みたいな顔してるんだもの」と、主人は言ったらしい。「あんまりぴったりなんですもの、思わず吹き出しましたよ。そして『さあ先生、一杯呑もう、呑もう』と言ってあぐらをかいて酒を汲み交わし、それはうれしそうでしたよ。そしてまた酔ってしまってゴロンと横におなりになったのよ。お宅のご主人のような教え子を持って、教師冥利に尽きるよと主人が喜んでました」とおっしゃって下さる。失礼の段何とお詫びしてよいか戸迷ってしまうばかりです。

お互い未亡人になって遠く離れていても、心の交流を続けさせていただけて嬉しい、この一言に尽きる思いです。夫の人徳に感謝せねばならないと思う。先生亡きあとも機会ある毎にお宅を尋ねて、お線香をあげさせていただいている。

仲間との一杯呑み会

お仲間達と集って、我が家で一杯呑み会をたびたび催した。酒豪揃いとあって、酔う程に賑やかなこと。仕事の話から遠慮のない話題が次々飛び出して、妻の手料理を酒の肴にして夜更けまでお開きにならない。私もお相手をしながら、夫の仕事の事やお仲間達との親交が手にとるように理解することができ、私自身にとっても大変有意義な時間となり、人間としてもプラスになったと思っている。

振り返ってみて、それまでの私は夫の後に付いて歩いているだけの妻であり、母でしかなかった。子供のように、世間知らずの怖いもの知らずで、今思えば恥ずかしい。背中から汗が吹き出しそうな失敗だらけの女だったように思う。夫の足を引張っていたのかもしれないとも。

夫の第二の人生

第一の職場を退官したあと、夫は新しく〝新しい分野の研究所〟を設立することになった。やっと灯りが見え始めた時にバブルが弾けて研究所の運営が難しくなり、心労と過労で疲れが出始めたようだった。

その仕事にロマンを感じ情熱を持っていたので、自分の給料を自分で半分にカットして、必死に立ち向かっていたようだ。「明日に持ち越せるものなのに、雨が降ろうが雪が降ろうが、傘もささないで出掛けて行かれるんですよ」と、夫が全幅の信頼を寄せ、才女と尊敬もしている研究所の女性の方から言われた事がある。

ある日、雨が降って来たので妻が傘を持って駅まで迎えに行くと、「頭は溶けないから俺はいらないから、お母さん一人で傘をさせばいいよ」と言う。何のために駅まで迎えに行ったのか分からない。なんともマンガのような図だ……。

仲人

夫の第一の職場にいた若い方が、ある日、結婚式の仲人を私共にお願いしたいと我が家にお見えになった。私共は現職の上司の方にお願いした方が、お二人の将来のためにもいいのではないかと、夫も説得したけれど、私共にしてもらいたいんですとおっしゃる。訳を訊くと、大きなミスがあった時、夫が代わりになってくれたので、とおっしゃる。その事から夫を尊敬していたような事をおっしゃる。

そんな話は妻は初めて聞いた。

結局心よくお引き受けした。

花嫁さんはお人形さんのように美しい女性で、気立てもよく、明るい素適な方だったので、花婿殿は得意顔で嬉しそうにしながらも落ちつかず、ソワソワしている。花嫁さんの父君は涙でお顔がグシャグシャになっていたので、適齢期の娘を持つ私共夫婦も胸がジーンとなってしまった。

今、彼は国際的な分野で活躍していると聞くと、嬉しくてならない。夫が生きていたらどんなに喜んだことでしょうに……。

先日の三回忌に、律義に夫の同僚がお参りに来て下さった。かつて我が家に集った若い方々が、御立派な役職に就かれて御活躍なさっておられると、消息を聞くことができた。嬉しい気持で胸が一杯になってしまった。

教育テレビでの対談

ある日、研究所の仕事の関係で、教育テレビのアナウンサーとマンツーマンで対談した。その日も玄関を出てからドアを少し開けて、「今日十二時三十分から教育テレビをつけてごらん。お父さん映ってるよ。見てもいいよ」。ペロリと舌を出して出掛けて行った。何のことだか分からない妻は、聴いていてもチンプンカンプンながら、内容はかなり重みのあるものだということだけは分かった。

帰宅した夫に言ったら、「お母さんは分からなくてもいいんだよ」とブスッとして御機嫌が悪い。

夫亡きあと、ビデオを撮るのも忘れていたので、NHKに「ダビングさせて下さい」とお願いしたけれど、捨ててしまってもう無いという。

沢庵漬け

結婚の出発点が札幌だった関係で、必要に迫られて、初めて泥つきの大根を洗って干して、樽に漬け込んだ。それ以後ずーっと毎年十一月に入ると泥つきの大根を買い込み、沢庵を作る。これは一度もかかした事がない。御近所からも冬の風物詩と言われていた。

土曜日、夫に早く帰ってもらう。大根の泥落としから、物干しに二つに分けて干していくまでが夫の仕事。妻は干し加減と天候に気を配り、樽に漬け込むのが仕事。干し加減と〝ぬか〟と〝塩〟のかね合いで、おいしい沢庵に仕上がることが段々分かってきた。日数を二回に分けて干すと、一回目のはカリカリして新鮮な味、二回目のはシワシワの仕上がり。いよいよ漬け込む時期が来ると、〝ぬか〟と〝塩〟の微妙な配合を確認して、隙間を作らないように、大根を力を入れて樽に漬け込んでいく。そうしないとブヨブヨとした代物になってしまうのである。最後は重し。重しは重い程よい。

初めて樽を解禁にするのはその年の天候にもよるけれど、だいたい十二月中旬。初めの一本は夫の酒の肴になるので、夫は目を細めて「こんなうまい沢庵を食べられない人は不幸だなあ」と幸せそうにポリポリ。熱カンの肴にして「沢庵だけで腹が一杯になったよ」と言っている。「こんな本物？の沢庵、デパートで売ってるのを見たら、小ぶりのもので一本千円していたよ」と自慢そうに、帰って来るなり言っていた。

プラムと柿の木

我が家の庭に、苗木から育てたプラムの木がある。色づき始めると、朝、夫がもいでカゴに入れて職場に持って行く。妻は御近所に配る。大きなざるに二杯は採れた。小さな葉っぱがついたプラムは可愛らしく新鮮だから、皆さん感激して下さる。

プラムのほかに、もう一本柿の木があった。富有柿。まだ店頭にも出ていない九月の中旬に、手入れがよければ、りっぱな大きな柿の実が口に入ることになる。こんなことを書けば知らない人は光景を思い浮べていいなあと羨ましがられるでしょうが、つまり食いしん坊なのである。

池

テラスの前に一メートル程の深い池がある。ここには、夫が飼育係であり、夫の管理下におかれている金魚がいる。よそ様の池はモーターを廻し、〝樋〟を引いているのに、それでも緑色のドロドロになってしまうというのに、我が家の池はいつも澄明。どうしてですか、と訊かれると困ってしまう。〝樋〟からの水と、しいて言えば〝水蓮〟かなとしか答えられないのであるが、御近所から見学に来られたのには参ってしまった。

夫は金魚に〝赤デブ〟、〝黒デブ〟、〝ブチデブ〟と名前をつけて成育の観察をしている。

「今朝〝赤デブ〟が老衰で死んで浮いていた」と悲しそうに報告する。

事情があって、その家は人に貸して現在の家を買って引越したのが四年前。夫は金魚と別れるのが辛かったようだ。

餅つき

十二月三十日には、毎年我が家で餅つきをする。餅つきと言っても、機械で自動的についてくれるものだが、これがなかなか馬鹿にできないぐらい弾力のある餅になる。のし餅、お鏡、黒豆入りのなまこ餅、ゴマ入りのなまこ餅、黒砂糖入りのなまこ餅、えびをすってえび入りのなまこ餅。少し分けて薄く切って、陽の射さない風通しのよい部屋にゴザを敷いて干して、かき餅を作る。正月明けに火鉢に炭を入れて焼くと、今のようにありあまる程のお菓子が無かった時代のおやつを思い出して、贅沢なおやつの懐しい香ばしい味を、熱いお茶と共に愉しむことができるのである。これも夫が手伝ってくれ、切る作業はすべて夫である。

メンコイ

美容院で髪を短かくカットして帰ると、夫が「お母さん、メンコちゃんになった」と言う。北の国では可愛いことを〝メンコイ〟と言う。もう好い年の妻を掴まえて、と思うものの、自分の年齢を忘れて悪い気はしない。不思議なものだ。

年寄りくさい洋服を着ているると、「お母さん、そこにゴミが坐ってるようだから、もっと明るいものを着ろよ」と言う。ピンクの好きな妻が、タンスから引張り出したピンクの洋服に着替えると、「あー、これでやっとお母さんらしくなった。ホッとしたよ」と嬉しそうに言う。女は幾つになっても華やかでないといけないんだと思う……。

開襟シャツ

若い頃、夫はホンコンシャツにネクタイを締めるのを嫌って開襟シャツばかり着ていたので、守衛さんと間違われたよと、笑っていた。白い開襟シャツがいけないんだと、職場に着て行っても差し支えないものをと思い、ハギレの渋い布地を探し廻って縫って着せたら、これが意外に好評で、何人かの方達にどこで買われたのかと訊かれたそうだ。女房が縫ってくれたんだと言ったら、僕にも縫ってもらえませんかと頼まれ、数枚縫ってあげたことがある。

おひな様

娘が二十五歳の時、お嫁に持って行かせたいと、作り方を教わった事もないのに浅草橋の人形問屋街で木目込人形の材料だけを買ってきた。デパートに三回おひな様を見に行ったと思う。ウーンと頭によく叩き込んで帰り、段飾りを仕上げたのは娘が二十五歳の三月三日午前三時三十分であった。夫はたびたび二階の書斉から降りてきては、もうあと幾つだと言って、出来上りを愉しみにしている。「お母さんは昔から何か始めると特急から新幹線になり、今はジェット機になった。今度はコンコルドかな」と困ったものだと言うが、それが嬉しいらしい。妻はあとで夫に「肩をもんで」と言う。夫は思い切り力を入れて、エーイと憎たらしげに掛け声を掛けてもむ。三月三日、娘が起きて来るのを待って、三人で緋毛氈を敷いて飾り付けをした。

桃の花と菜の花を飾り、菱餅でおひな祭りを祝った。

父亡きあと、娘はお父さんと飾り付けをした事を思い出すと哀しいからと言って、おひな様は袋戸棚にしまったままである。

山陰旅行

娘が二十五歳の時、私達夫婦は山陰に旅をしていた。ホテルに娘から電話がかかって来て、結婚相手の御両親が今度の日曜日挨拶に来ると言う。私が「本人にも会ったこともないのに、両親に来られても困る。まず本人に会ってからよ」と夫に言うと、深刻な顔をして、そりゃそうだと言う。「お父さんから娘に言ってよ」と言うと、よしまかせとけと、声だけ元気だけれど、落ち着かない様子で、娘に「まず本人に会ってからだ」と言って電話を切った。

そのあと、出雲大社に行って拍手《かしわで》を打って、これで半分決まったようなものだなと嬉しそうな顔をして、「ところでお母さん、おサイ銭幾ら入れた？」と訊くので、「二百円、お父さんは？」と訊くと「五十円……バチ当たりだなあ」と言って頭を掻いている。

このあと、おみくじを引いたら大吉だったので、すっかり気をよくして鳥取の砂丘に向かったが、私は砂丘に登るのがやっとこさだ。「なんだ、プールに行ってるのに、それでは百歳まで生きられないぞ。お前百までわしゃ九十九までと言うじゃないか」と、私の手を引っ張ってくれた。

娘の結婚相手の訪問

日曜日、彼の訪問を待って夫はそわそわ落ち着かない。御本人の到着を待って母親が主になって話相手をした。ところが、娘のことをキャリアウーマンとして評価しているので、共働きをしてほしいと言う。「今時共働きは当たり前になってるのでしょうが、お母さんはお父さんと結婚する時、床の間に飾っておくからと言われて、一度も働いた事が無いのよ」と話す。男なら俺に付いて来いと言うぐらいの男でないと駄目だ。その代わり、女は家の中をしっかり守ってゆく事が大事な仕事なんだから……。母親は不満で、こんな男に大切な娘を託せるものかと大分彼に脅しをかけたのだが、これが功を奏したのか、この話は縁が無かったものとなり、母親はホッとした。このことを知らない娘は大分悩んだようで、最近になって「どうしてそれをもっと早く言ってくれなかったのよ」と言ったけれど、結局あの時結婚していたら離婚していたと思うとも娘は言っている。母親の私もそう思っている。娘に対して父親というのは甘いものだと思ったが、父親は父親なりの愛情で事を運んでいくつもりだったと思う。

あの時お父さんたら、会場とれるかなと心配していたのよ、と娘は言うけれど、母親の私はショーのような結婚式だけは避けたい。二人の愛が優先されたもので、身内と親しい友人、知人だけのささやかな結婚式を望んでいる。娘がクリスチャンである事から、近くの成瀬教会の牧師様にお願いして立ち会っていただいて、厳粛な式であってほしい。そして親としてウエディングドレスの姿だけは見せてほしいと、娘に願っている。身勝手な母親のエゴかも知れないと思いながらも……。

娘の洗礼

娘は大学卒業後、外資系の銀行で男性のように営業の仕事についていたので、かなりハードな、神経の擦り減る日々が続いた事で、体を悪くする結果になってしまった。大学がミッション系だったこともあって、キリスト教の講義を受けていたので神様の愛に縋る気持が強くなり、洗礼を受けることについて父親に許しを乞うたが、父親は徳川時代から続いた歴史のある家だからと難色を示した。最後には夫も聖書を求めて全部読破して娘を許すことになるが、その代わり、御先祖様を大切にする事を条件として受洗させた。

東北一周と函館への旅

娘がまだ高校生で、大学受験を控えている時に、家族で東北一周の旅に出る。行く先々で、人気がないと旅行の歌を三人で次々と唄ったけれど、夫は「お母さんはど音痴だから、やめてくれ」と言って、ワッハッハと笑っている。失礼な、自分では満更でもないと思っているのに……。

昔、娘が小学生の頃、娘のピアノの発表会で司会を仰せつかった時、マイクを通しての声を皆さんに「いいお声ですね」と言われたことがあるのよと言うと、「お世辞お世辞」と一笑に付されてしまった。そんな時、夫は裏方で、カメラを担いで張り切っている。「まだあるわよ」と口惜しいので、高校の旅行会（ＰＴＡだったと記憶しているが）で鎌倉に行った時、唱歌の〝鎌倉〟を唄ったら、「お上手ねと言われたわよ」と言ったけれど、それも「お世辞お世辞」とケラケラ笑っている。

最終地の青森から連絡船で函館に渡る。長い長い青森駅のホームで連絡船に乗る迄の間、『津軽海峡冬景色』を気持よく唄っていたら、夫は腰を抜かさんばかりに赤い顔をして、人の陰に隠れてしまった。

今は飛行機で羽田から函館まで一時間。旅の情緒も何もない。便利といえば便利だけれど、味気ない。大きな荷物を背負った〝おばさん〟達が、函館の朝市に売りに行くのだろう、連絡船の畳に寝転んでいる。おばさん達にしてみれば大変だろうけれど、私達旅人には趣きのある光景として目に映るのである。

今、北海道で一番不景気なのは製鉄所が斜陽の室蘭で、二番目が函館だそうだ。函館は昔、北洋漁業が盛んで、活気に溢れた街だったが、今はそれもなく観光だけで持っている街だから、働くところがなく、七十歳のお年寄りが土掘りの重労働をして生計を立てている。函館の我が家の庭仕事を頼んだ人達の中に、女性が五人居た内の一人は七十歳の方だった。私は自分の身に引き換え、恥ずかしさに思わず彼女を強く抱きしめた。「食う為には仕方なかんべさ」と地の言葉で言われた時、返す言葉すら見つからなかった。

ほんとうに政治家の方達はこの実態が分かっているのだろうか。何の力にもなれないもどかしさに、どうしようもない怒りがこみ上げてくるのであった。熱いおいしいお茶とお菓子でねぎらう事だけが、精一杯のなぐさめと受け止めていただくより仕方なかった。

九州旅行

関門海峡を渡ったことがないと言う私を連れて、夫が九州旅行に連れて行ってくれた。コンパートメントなんて初めて乗った。誰れも見てないものだから気を許して、ビール、酒をたて続けに飲んでいる。注意すると、廻って来た専務車掌に「女房がガミガミ言ってうるさいので、少し説教して下さいよ」と酔っぱらいの夫が言っている。専務車掌は「旅は愉しくなくちゃね」とにこやかに応対している。「そらみろ」と夫は威張っている。

真紅のビロードのカーテンに食卓の赤いランプの光が揺れている食堂車で、窓外の景色を眺めながら、ワインを呑み、食事をし、デザートを喰べるのが好きだと言う夫に、妻も愉しい気分でいた。そこへ、浴衣がけの男性四、五人がドヤドヤと入って来た。食堂車のボーイが「ここではその格好は御遠慮下さい」と言うが、その意味が分からないらしく一悶着起きた。ほろ酔機嫌の夫が「マナーに反するんだよ」と口を挟んだが、それでも分からないらしく、専務車掌が飛んで来て丁重にお引き取りを願ったが、まだブツブツ文句を言いながら未練たらしく食堂車から出て行った。夫に「貴方もお酒が入ると何をするか分からないんだから、気を付けないとね」と言うと、「俺はそんな礼儀知らずじゃないぞ」と言って、またワインのお代わりを注文している。ほんとうに分かっているのかしら……。

初めてのツアーの旅

夫はツアーの旅行に行ったことがない。いつも自分でプランを立てる。その土地の歴史を調べ、そこの名物の食べ物から宿泊先まで、そして全部のスケジュールに合わせて、汽車の乗り継ぎ、バス、タクシーを細かくチェックしてからの旅であった。またそれが愉しみの一つでもあったようだ。くっついて歩く妻は気楽なものであった。一度だけツアーも面白いものよと言って、木曽路、妻籠、馬籠、木曽川下りを愉しんだ事があるが、それが最初で最後になってしまった。「ツアーも面白いでしょう」と言うと、面白くないのか「ウン」と頷いただけだった。やはり頑固だったんだと思う。

これからの残り少ない時間を、過ぎて来た日々の想い出を語りながら、緑に包まれた玉川学園の坂道を肩を寄せ合って夫と散歩したかった。無念の一語につきる。

義姉の死

夫の姉は二十年間ガンと闘い続けてきた。四回目のガンに冒された時、私は函館に三ヶ月半看病に行った。夫は次男であるが、義姉は夫とその妻を頼っていたので、夫の気持を汲んで、家を放って行った。知人もいない土地での病院通いが続いた。義姉は函館の高校で化学と生物、数学の教師を四十年間していたので、友人、知人、教え子も多く、小都市では教え子ばかりと言ってもよいぐらいで、教え子のそのまた子供も教えている。北国の玄関口の函館は人情細やかな人が多いと聞いているし、頼れる人達も少なくなかったのに、やはり身内、肉親に看とられたかったものと思う。

夫は「すまんな」と言って、毎日、朝夕かかさず電話をして来た。疲れたろうから俺が替わろうかと言ってきたけれど、研究所が軌道に乗りかけている時でもあり、そのことを充分承知していた妻としては、一人で石川啄木の短歌、

函館の青柳町こそかなしけれ　友の恋唄矢車の花

の青柳町から五稜郭の少し先の病院まで、毎日電車で通って看病に行っていた。

義姉は生涯独身を通して来たので、唯一頼れるのは私達だけだった。四回もガンと闘い続けてきた義姉は、気丈にも、いろいろの趣味を友にして、一人で日々を過ごしてきた。義姉はまだ希望を持っていたので、私ももう一度青柳町に帰れるものと楽観していた。彫刻、水彩画、帽子作り（免許を持っていた）、特にお花作りが一番心の和む時間のようだった。弟である私の夫を愛していたので、私達の娘を孫のように慈しんでくれていた。最期は娘と夫の名前を呼んで、娘の手をしっかり握りしめて息を引き取った。

夫は義姉没後、水彩画の遺作集を三百冊作って、友人、知人、教え子達にもらっていただいた。

画集出版に当たって、「僕にとって姉は大切な人であった」と遺作集に記していた。お通夜の席で夫は涙をポロポロ流して、手の甲でしきりに拭っていた。

死の半年前、姉と弟は二人で旭岳に紅葉を観に行った。その時、義妹の私も誘って下さったけれど、姉弟二人、水入らずにさせてあげたかったので、私は遠慮した。後日夫は親友に「二人で行っておいてよかったよ」と言っていたという。

法事を兼ねての三人の旅

名古屋で夫の両親の法事と先祖代々の墓に参った後、義姉、夫と共に明治村に行った事が良い想い出となった。下呂温泉に一泊して体を流し合った事で、義姉と心がふれ合えたように思う。

姉と仲良くしてくれることが僕は一番嬉しいんだからと、夫はしばしば言っていた。夫の気持に添うことができたかどうか、今となっては知る術もない。

竹馬の友、無二の親友

竹馬の友は良いものだと、夫は常々言っていた。夫亡きあと、夫の学生時代（中学時代）からの無二の親友が、娘の父親替わりになって下さって、娘のこと、我が家の事など、いろいろと心配りして下さった。ほんとうに有難く感謝し、お礼の言葉も見つからない。遠い函館から交通費もかかるのに飛行機で飛んで来て下さる。心丈夫でいつまでも永生きしてねと言うと、「僕は彼とは〝ガキ〟の頃からの友達だから、百歳まで生きて娘を守る」とおっしゃって下さる。

天国の夫も安心して喜んでることと思う。人生、この世とお別れするまで、何が起こるか分からない。一寸先は闇だと、夫が倒れた後で言った言葉が思い出される。

「捨てる神あれば拾う神あり」ほんとうにそのとおりだと思う。

夫が言っていた「一つが長ければ一つが短い。一つが短ければ一つが長い」という言葉、人生の終着駅に近づいてきて、その言葉が身に沁みるように分かる。

研究所引退

研究所もやっと軌道に乗って、これからという時に、長官に呼ばれて引退の引導を渡される。夫は挨拶廻りで一月の飛び切り寒い日に、髪の毛も薄くなっているのに、帽子も被らず一日中歩き廻り、翌日頭の一部が痛むと言う。「鎮痛剤飲む」と言うと、「いや今日は休むよ」と言って自分で電話をしてベッドで本を読んでいたが、夕方どうも様子がおかしい、救急車を呼んでくれと言う。自分で二階から階段を降りてきて救急車に乗ろうとするが、担架が道路に置かれていたのでその上に横になって、三十分そのまま冷たいところに寝かされていた。普段血圧は高くも低くもなく、健康診断でもどこも引っかかったことがなかったので、楽観して夫もニヤニヤ笑っている。妻も今まで経験した事もないような夫の姿を見ても、気楽な気持で平静に構えている。救急隊員はあっち、こっちとコンタクトをとっているが、受け入れる病院がなかなか見つからない。ものすごく冷たい吹きさらしの中で三十分放っておかれたので、救急車に入った時は血圧が二二〇に上がっている。それを見て夫は「すごいすごい。二二〇だ」と感心している。これだけ元気なのだから注射一本ですぐ帰宅できるものと、財布と鍵だけ握って家を出た妻は落ちついていた。

ちょうど夕方の五時三十分頃で、国道十六号線はラッシュで交通渋滞していて、なかなか病院まで着かない。血圧は下がらない。さすがに不安になってきた。

やっと病院に着いて、夫は自分で歩いて病院の裏口から入っていく。夫から三メートルも離れた椅子に坐って院長は脳梗塞だと言う。すぐ点滴の処置がなされ、夫はどことどことどこへ連絡してくれとはっきりした口調で指示する。私は電話にしがみついて連絡をとる。外科医の兄にすぐ来てくれと頼むが、患者を診ているのですぐには行けないと言う。夫を可愛がってくれていた親戚の長老夫妻は、腰が抜けるよとオロオロしている。

四日目、病院側から造影剤を入れてレントゲンを撮りたいが、それについては、乗った飛行機が運悪く落ちる、その程度の確率の危険性がありますと言われ、何も分からないまま承諾書を入れさせられる。夕方検査に行く時は元気で、入院する前と少しも変わらなかった夫が、検査から個室に戻るなり容態が急変した。院長が夫の名前を呼んで顔をピシャンピシャンと叩いている。看護婦さんが何やら機械を持ってきて処置している。落ち着いたところで、私には「帰って下さい」と言われたが、どうも不安を感じて簡易ベッドを入れてもらった。喉に痰がつまって呼吸困難に陥り、十五分おきにナースコールをする。看護婦さんは嫌な顔をするが、残ってよかったと思った。

一瞬死の世界に入った臨死である。退院後、非科学的な事は信じなかった夫が、三途の川を見てきた、父母にも姉にも会ったと言う。

娘が翌朝車で来たので交替してもらい、車の中で仮眠をとる。

朝方意識混濁に陥る。それでも何とか持ち直し、一週間後退院した。リハビリの必要もなく、後遺症も残らなかったが、もしあの時私が帰ってしまっていたら後遺症は残っていたのではないかと思う。

竹馬の循環器の権威

夫の竹馬の友で、循環器の権威といわれている先生が、夫を診てやりたいと言ってるという連絡を受けたので、少し落ち着いてから夫と二人で函館に飛ぶ。私の話を一部始終聴き終わって先生は、「脳梗塞ではない。〝脳〟だ。造影剤でやられている」と言われる。造影剤を、体に合うかどうかの〝テスト〟をすることもなくやった事に〝ミス〟があったと言われるが、これも運不運と受け止めざるを得ないと思う。脳幹がやられていたら、テキパキと妻に指示を与えられなかったと言われる。

四つ程悪条件が重なっているらしい。私には分からないのだから、医者を信頼するより仕方がない。いつの日か、人生には終わりがあり、別れがある事は分かってはいても……。

後日、日記を読むと、「我が王国崩壊する」と書かれていた。無から築いてきたものが、もろくも、くずれ去ったのである。男としては無念だったろうと思うと可哀想でならない。

夫が大分回復してきたので、気晴らしに二人でジュリエット・グレコを聴きに行った。さすが大物シャンソン歌手だけあって、手の動きに唄の情感がみごとに表現されていると夫は感心して言う。

黒づくめの衣裳をまとったグレコの体全体から、唄の心がにじみ出ている。二人で身を乗り出して聴き入った。

銀ブラ

初秋の銀座に、久しぶりで妻はおめかしした和服姿で夫と買い物に出る。倒れて以来いつもソフト帽を被るようになった。夏はパナマ帽子。どこから見てもダンディな紳士に見える。

ある店で買い物をしていると、妻の和服姿を店員さんが褒めて下さったのが気に入らないらしい。どうして怒っているのかと思っていると、高い品物を買わそうと思って、お上手言ってるのにお前は嬉しそうな顔をしていたと、怒っている。それでも元銀パリのあった店のところまで来ると、懐しそうに「銀パリが閉まる直前に聴きに来たんだよなあ」と、しばらく立ち止まって、あの日二人で聴きに来た日の事を、目をしばたたいて感慨にふけっている。「銀座のドイツ民謡の店にも行って、ドイツ料理、あれ、うまかったよなあ」と愉しげに言っている。

それでも酒を断つ事はできないのか。銀座のライオンに行って、生ビールをウインナーを肴にしてうまそうに呑んでいる。大ジョッキをまたお代わり。こんなに愉しそうに、うまそうに呑んでるものを、妻には非情な気がして止める事はできなかった。

女の方が時としては男より強いと思うことがある。度胸がある時もある。娘が二歳の時、神戸在住の時に、前もって親戚の人に頼んで調べてもらってから、夫一人が上京して、東京郊外に土地を買い求めた。あとになってお母さんが東京の地理に詳しければ、もっと違った場所で、もう少し広い土地を買ってたと思うよと、夫は後々まで言っていた。

研究所の後継者

桜の咲く頃に、夫の体力も大分回復したので、渋谷にジャン・ギャバンの『霧の波止場』を観に行った。私はコーヒーを飲みながら映画を観るのが好きなので、紙コップのコーヒーを買って来た。夫は周囲の人達を気にしながら怒り出した。妻はいつもの事なので大して気にもせず、スクリーンに見入っていたけれど、コーヒーの方が気に入って映画はあまり頭に入らなかった。

それも日記に、「どうしてあんなくだらない事で怒ってしまったのか、小生は少し反省せねばならん」と記されていた。

研究所で夫のあとを引き継がれた方から、夫の意志を受け継いでいきたい旨のお手紙をいただき、その言葉に救われる気持で「今後の研究所の御発展をお祈りします」と、お礼状を認めた。そして夫の好物のお酒を携えて、娘と共に、そのことを夫の墓前で報告した。

告別式

生前「俺が逝く時には昔のお仲間に集ってもらって、腰の抜けるまで呑んでもらって、いつまでも帰さないでくれよ」と笑って言っていたので、近くの集会所をお借りした。そこは、二階が和室、下がホールになっていたので、ささやかな手作りの会を、昔のお仲間達のお力をお借りして催した。

夫の人生の最期を見送ることができた事に感謝するとともに協力して下さった

方々の御厚意に深くお礼を申し上げます。

そして、人生を精一杯生きて来た人間の生命の儚さに、神様がどうしてこの世に人間をお作りになったのか、生きるということがこんなに大変なことなら、政変の渦の中に巻き込まれた多くの難民の人達の事も含めていろいろと考え込まないではいられない。

今日のような秋のやわらかい日射しの中を、散歩しながら枯葉を眺めていると、心の中がほかほかとぬくもり、生きてるということもいいものだなあと思ったりもする。人間の心は難しいものだとも思う。

夫の亡きあとも慕って下さった方々

夫亡きあと、誰れにでも好かれる好漢だった、今まで仕えた上司の中で一番やさしかったと号泣して下さる方々、夫が急いで天国に逝った事をもったいない、何か失った気がするとお手紙を下さる方達に、ありがとうございますと深くお礼を申し上げるよりほかになく、一人娘の落ちつくのを見届けるまではもう少し命を与えて下さいと祈るばかりです。

北風の枯葉舞い散る街角に
　亡き夫の背をまぼろしに見る

母の原稿に寄せて

三村雪乃

私と父、母は、まとまりがよく、深い愛でつながったごく普通の家族でした。父は亡くなったんだと思うのは、もともと少ない家族だったのに、父の怒り声も聞こえない、笑いも聞こえないことを改めて意識する時です。女二人だけの、そしてもしかしてゆくゆくは私が一人だけになる可能性もあるのだと、父の急死によって、つくづく思い知らされました。父の死は、私には悲しみと不安を、そして母には深い悲しみを齎《もたら》しました。

父がお棺の中へ入れられる前、私はそっと父を抱きしめました。そこにはまぎれもない死がありました。そしてこれが父の肉体との別れでした。火葬場に行き、棺が、父が炎の中へ消えて行きました。どれほど辛く悲しかったことか。母は全てが終わるまで涙を見せませんでしたが、私はその場で号泣してしまいました。煙になって天国へ行った父、そしてお骨となってしまった父を見た時の悲しみは言葉では言いつくせません。満足に親孝行できなかった。いくらやっても満足できるものでは無いけれど、親孝行ができなかった。だから父の時の教訓を生かして、母を守らなければ……と思いました。

父は私を理想の女性にしたかったようですが、今の私はどうでしょうか？　これからでも父の思いを汲んで努力したいと、二〇〇一年十月二十六日に三回忌を迎えて、思います。

父は本当にこれ以上の人は無いという人でした。私がいつか結婚するとして、ハズバンドになる人は、父のような人がいいと思っております。なかなかそのような人は現われませんが……。

父は愛情深い人でした。厳しかったけれど愛情が深かった。本編に出てくる父の厳しさは、私の性格に大きな影響を与えました。真面目で、常に上を向いて歩く、そして自分に厳しい、そんな私になっていくのです。母は言います。「あなたはお父さんとものの言い方、考え方がそっくりよ」と。私は言います。「お母さんがお父さんを亡くして嘆いているなら、私が、お父さんそっくりでいいじゃないの……」と。

父とは死の半年前、パリに二人でまったくの個人旅行に出かけています。

本編にも出てきますが、父はもう病気で、いろいろ弱気になっていたのでしょう。ドゴール空港に降りたったのはいいけれど、税関がわからない。ドゴールは何回行っても私はだめなんです。それで父と荷物をおいて係の人に聞いてくるからと父に言ったのですが、その時の不安そうな顔は今でも忘れられません。病魔におかされていて、あのしっかりした、マルチの父ではなかったのです。それでも係に税関を聞いて、無事車にのりこみ、ホテルに着きました。

あくる日はパリの名所を見て歩き、父の念願のシャンゼリゼを歩いたりしました。中でも父が、最後までよかったと言っていたのは、日本ではハトバスとでも言うのでしょうか？　シティラマ社のバスでのロワールの古城めぐりでした。若い人ばかりのツアーでしたが、お昼をとったレストランでは、若い人達に囲まれて、戦時下の話をしていました。そして若い人達のスナップ写真を撮って満足気でした。行き帰りのバスの中、一番前の席を陣取ってまなこを大きくあけてジーッと外を見ていた父、あるいは自分の死期が近いことを知っていたのでしょうか……。

このパリ旅行で私が心配したのは、父の趣味、カメラでした。父は若い時から、カメラと写真の世界にのめりこんでいて、パリにおいても、ライカをありったけバッグにつめこんで行き、あちこちで街々を撮るのです。日本人のおじいさんがライカをぶらさげてパリの街に立つ危険が、父にはわかっていなかったようで、その事にはハラハラさせられました。

私は学生時代、パリに二ヶ月短期留学をしていて、地下鉄の路線図こそ頭に入っていなかったものの、たいていのところは歩けます。ですので、できるだけ安全な所を連れて歩いたのですが、父はモンマルトルの丘に行きたいと言いだしました。あそこは、夕方になると娼婦が立ちならぶ危ない場所で、私はちょっと困ったのですが、父がユトリロの世界を見たいと言うので、連れていきました。父の体力では、サクレクールまでの階段を登れまいと思ったのですが、父はもくもくと登り、寺院の中で父のバッグの中に入っている〝なんでも袋〟からハサミをとりだして、ライカのフィルムを、カメラに入るようハサミで切って調節して入れ替えていました。カメラについては父の余生でいろいろ教えてもらうつもりでしたが、急な死だったので、今ではその術もありません。ですから、私はあいかわらず全自動カメラです。

父はベルサイユに行きたい、フーケでお茶がしたいと、旅の終わりに言ったのですが、フーケは食事しかできないこと、それも予約で、バカ高いことを店の人から聞き、またベルサイユは日程的に無理だから、「また今度ね」と父に言ったのでした。私はその時は父との「また今度」があると、そう信じていましたから……。

一夜ノートルダムの見えるレストランを予約してディナーをとりました。暖炉の近い席で、正装して行ったにもかかわらず、私はコートをぬがず、ギャルソンに着ていたいのかと聞かれ、つい「ウイ」と言ったので、ギャルソンは怪訝そうな顔をしていました。私のフランス慣れもまだまだです。父は皮ジャンをぬいで、預けて、背広とネクタイ姿になっていました。父は全ておいしかった、中でもアイスクリームが絶品だったと満足気でした。これが、最後の夜になり、あくる日は帰途につき、その時、日本に帰るという安心感のようなものが、伝わってきました。

ホテルのロビーで、時間をつぶしている時、アメリカのどこだかの市長夫妻に話しかけられ、彼らは横浜に住んでいた経験があること、私の父が、いわゆる〝ガバメント〟で働いていたことなどを話し、彼らに、父を「ハズバンドか？」など、とんでもない勘違いをされて、大笑いし、ホテルをあとにしました。本当は何回だって父をパリに連れていきたかったし、他のところにも、私は英語と仏語しか話せないけれど、行きたかったと思っています。

さて母の外国旅行の紀行文ですが、また何度でも来れるという若さの特権からか、私はあまり細かいことまで覚えていないのですが、母はハワイのワイキキで泳いだ感動に味をしめ、私と二人、あちこちヨーロッパを旅することになります。本当にあちこち行きました。リゾート地ではない所ばかりで、ヨーロッパでは特に頭を使うし、バアさんを連れての旅行は正直大変でした。本人にまた行く気があるのか無いのか知りませんが、できれば、体力をつけてもらって、父と歩いたパリの街々を見せて歩きたいと思います。

母の目下の最大の願いは、私が、早くかたづくことですが、これはばかりは、どうにかしたくてもどうなるものでもありません。この年になると、離婚、別居、家庭内離婚とか人様々で、何が良いか悪いかということは、母がいつも言うように死ぬ時でないとわからないのではないかと思います。運命に逆らわずに生きて行きたいと思います。

私は大学がミッション系で、そういう教育を受けて、クリスチャンになりました。が、神仏同じだと思っておりますので、父にもお線香をあげます。父のお墓は神奈川県の淵野辺というところにあり、折しも卒業した大学の新キャンパスが建てられるということで、何かの縁だと思う今日この頃です。

あとがき

海外旅行の思い出の記念にと紀行文を書いて、四、五十冊、友人、知人にもらっていただきたいと、ただ軽い気持で文芸社に打診したところ、協力出版に採用との申し出がありました。思いもかけない事態になったと頭を抱えていたら、娘に是非お受けするようにと奨められて、思い切って紀行文だけをと思っていたら、さらに夫のエピソードも添えたいと追記を依頼され、清水の舞台から飛びおりるような気持で書かせていただきました。

文芸社の有吉様のお力添えに感謝申し上げる次第です。

私は夫と結婚する際、夫がどんな仕事をしているのか、学歴とか経歴とか生家の事、何一つ知らないまま、夫の側にいるとホンワカする温いものだけを感じて結婚しました。夫は本の出版を天国で知ったら、目を白黒させて赤い顔をして頭を掻くことでしょう。

著者プロフィール
みむら ひろこ

1932年神戸に生まれる。
戦中戦後の混乱期をくぐり抜けて結婚後、家庭作りに専念。
手芸、読書、旅行、花作りを趣味とする。

バアサンの海外旅日記

2002年 5 月15日　初版第 1 刷発行

著　者　みむら　ひろこ
発行者　瓜谷　綱延
発行所　株式会社 文芸社
〒162-0022　東京都新宿区新宿1-10-1
電話　03-5369-3060（編集）
03-5369-2299（販売）
振替　00190-8-728265
印刷所　株式会社フクイン

ISBN4-8355-3735-1 C0095